## Nur ein paar Stündchen

*Nix wie raus, ganz schnell ins Grüne. Auch mit wenig Zeit lässt sich Großartiges erleben. Kleine und große Abenteuer warten direkt vor der Haustür.*

**4H**



## Raus für einen Tag

*Man muss nicht das Land verlassen, um neue Welten zu entdecken. Einfach mal einen Tag lang raus aus dem Alltagsallerlei und rein in die Natur.*

**12H**

## Ferien für ein Wochenende

*Warum auf die große Auszeit warten, wenn man einen Wochenendtrip in der Nähe machen kann? Vergnügen, Abenteuer und Wohlgefühl kompakt und intensiv.*

**36H**

Abenteuer
ESKAPADEN
AUSZEIT
AUSGLEICH
Wochenende
LÄCHELN
STADT. LAND. FLUSS.
LEICHTIG-
KEIT
FREE
ERLEBEN
GRÜN
kleine
Fluchten
Wege
Lebensfreude
NATUR
GLÜCK
von Magda Lehnert

# LIEBE LESERIN, LIEBER LESER,

außergewöhnliche Erlebnisse lauern überall – nicht nur zwischen den spektakulären Felsen der Sächsischen Schweiz, sondern auch zwischen den vielseitigen Wasserlandschaften der Oberlausitz. Beide Regionen bieten wilden Entdeckern und Genussbummlern gleichermaßen genau die richtige Kulisse, um bei zahlreichen Abenteuern den Alltag zu vergessen. Denn ich bin überzeugt: Das Abenteuer wartet auf jeden, der mit offenen Augen neue Wege geht und mutig neue Dinge ausprobiert. Geleitet von diesem Bewusstsein habe ich mit viel Freude meine liebsten Unternehmungen aus 30 Jahren in dieser Region zusammengetragen und neu erlebt – in der Hoffnung, dass sie inspirieren, auch den östlichsten Zipfel Deutschlands zu entdecken.

Viele wunderbare Eskapaden in der Sächsischen Schweiz und der Oberlausitz wünscht Ihnen, dir und euch

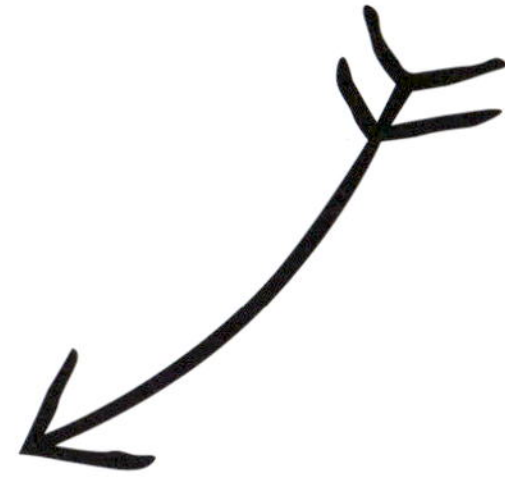

PS: Informationen zum GPX-Download gibt's auf Seite 224.

AUSZEIT.
ABENTEUER.
LEBENSFREUDE.

# 1. KAPITEL ABSTECHER

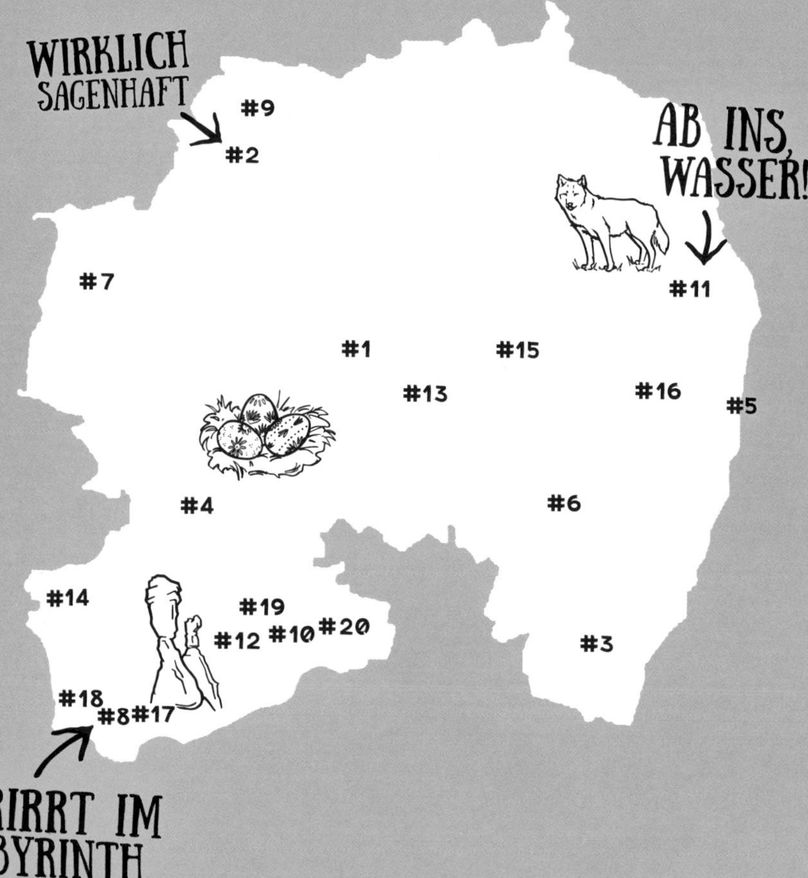

## Nur ein paar Stündchen

*Auf Türmen und Bergen, übertage und untertage, zwischen Felsen oder Apfelbäumen, im Auenwald oder am Karpfenteich - die kleine Auszeit ist überall ganz nah.*

# 4H

# WALDBAD IM BLÜTEN-MEER

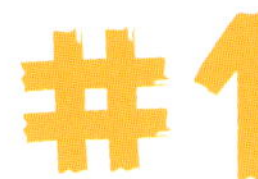


*Jedes Jahr im Frühling verwandelt sich der Lasker Auenwald in eine Landschaft wie aus einem Märchenbuch. Unzählige Buschwindröschen überziehen dann den Boden wie ein Teppich ganz aus Grün, während Abertausende weißer Blüten den Wald erleuchten.*

#Buschwindröschen #Naturschutzgebiet #Refugium #Farbtupfer

Fast unscheinbar möchte man ihn nennen, den kleinen Wald am Rand von Laske inmitten der riesigen Felder. Wüsste man also nicht genau, dass sich zwischen seinen Bäumen ein Paradies verbirgt, würde man wohl nie das riesige Blütenmeer entdecken, das hier jedes Jahr im Frühling floriert. Tatsächlich ist der Lasker Auenwald das einzige Stück Wald im Bereich der Klosteraue, das die Urbarmachung des Gebiets seit dem Mittelalter unbeschadet überstanden hat. Deshalb findet man hier noch heute den ursprünglichen Eichen-

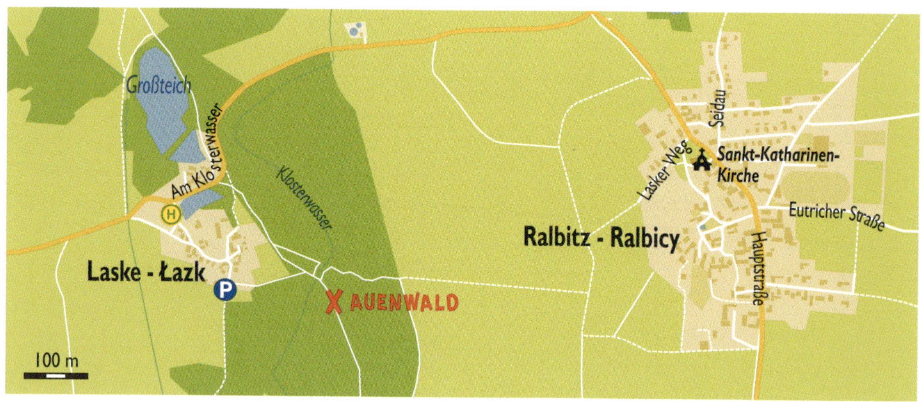

Wenn die Buschwindröschen blühen, sieht es aus, als würden Tausende Sterne am Waldboden leuchten.

und Hainbuchenwald, der von zahlreichen Bachläufen durchzogen wird. Zwischen ihnen stehen aber auch Linden und Flatterulmen, Bergahorne und Schwarzerlen. Zu ihren Füßen wachsen zu Tausenden die bildprägenden Buschwindröschen in einem Teppich ganz aus Weiß und Grün. Wer genauer hinsieht, entdeckt aber sicherlich auch die gelben Sumpfdotterblumen und Schwertlilien.

Um das außergewöhnliche Gebiet zu schützen, erklärte man es 1961 zum Naturschutzgebiet. Trotzdem führen zahlreiche Wege und schmale Pfade über malerische Holzbrücken durch den Wald. Verhält man sich beim Gehen ganz ruhig, wird man mit ein wenig Glück den einen oder anderen heimischen Vogel erspähen – vielleicht sogar einen der äußerst seltenen Eisvögel, die in den Hängen der Klosteraue nisten.

Tritt man während des Spaziergangs an der Ostseite des Waldes aus ihm heraus, wird man über die Felder hinweg den markanten Turm der Ralbitzer Sankt-Katharinen-Kirche entdecken. Wie auch Laske (sorbisch: Łazk) gehört Ralbitz (sorbisch: Ralbicy) zum sorbischen Kernsiedlungsgebiet. So wird allgemein jener Raum in der Oberlausitz und des südlichen Brandenburgs bezeichnet, in denen das westslawische Volk der Sorben autochthon ist und nach wie vor die Mehrheit der Einwohner Sorbisch als Muttersprache spricht. Bekannt sind die Sorben heute vor allem für ihre zahlreichen Bräuche – allen voran die alljährlichen Prozessionsritte am Ostersonntag. Auch Ralbitz empfängt an diesen Tagen einen Zug Osterreiter aus dem benachbarten Wittichenau (sorb. Kulow). Die Eskapade #22 beschreibt eine spannende Radtour speziell für diesen besonderen Tag im sorbischen Kalender.

**FAZIT: EIN BEZAUBERNDES NATURPARADIES, DAS SEINE BESUCHER IM FRÜHLING IN STAUNEN VERSETZT.**

---

**Hin & weg:** Mit Buslinie 153 oder 187 der Regionalbus Oberlausitz GmbH zur Haltestelle Laske; Parken am Wanderparkplatz in Laske.

**Beste Zeit:** März–Mai, wenn die Buschwindröschen blühen.

**Dauer:** 1–2 Std.

**Ausrüstung:** Ein Fernglas für Tierbeobachtungen.

---

# ELF UND EINER

### ... im Koselbruch

## #2

*Knapp 400 Jahre ist es her, dass Krabat zur Schwarzen Mühle im Koselbruch kam und dort beim Müller die Dunklen Künste lernte. Dank Otfried Preußlers Interpretation der sorbischen Sage blieb der Zauber Krabats ungebrochen. Heute erlebt man die Geschichte hautnah an der Krabatmühle.*

#12Raben #Sorben #OtfriedPreußler #Märchenstunde #Plinsen

Der Dreißigjährige Krieg ist gerade vorbei. Krabat, ein Betteljunge aus Hoyerswerda (sorb. Wojerecy), zieht durchs Land auf der Suche nach Arbeit. Eines Nachts erscheint ihm im Traum die Mühle im Koselbruch. Fast als hätte sie ihn gerufen, findet er beim Meister eine Stelle als Lehrjunge. Schnell wird ihm klar, dass der düstere Müller mehr lehrt als nur das Mühlhandwerk. Die Zauberkräfte, die seine zwölf Burschen von ihm lernen, fordern jedoch einen hohen Preis ... Ob sich Krabat rechtzeitig aus den Fängen des Meisters retten kann, bevor auch ihm das grausame Schicksal droht?

Seit Jahrhunderten wird in der Oberlausitz die sorbische Sage des Krabat erzählt. Auch wenn sich die Rahmenhandlung je nach Überlieferung unterscheidet, so haben doch spätestens Měrćin Nowak-Njechorński und Otfried Preußler Krabat fest im Koselbruch verankert. Immer wieder kamen Menschen infolgedessen hierher, um den Schauplatz der Geschichte zu besuchen. Da die hiesige Mühle jedoch in Privatbesitz ist, man das Inte-

In der Schwarzen Mühle befinden sich zahlreiche originale Filmrequisiten.

resse der Besucher aber ernst nahm, erwirkte die damalige Ortsvorsteherin 2006 eine Baugenehmigung für eine Neue Schwarze Mühle gleich in Sichtweite der ursprünglichen. Dank ehrenamtlicher Helfer und Wandergesellen, wie Krabat selbst einer war, entstand ein ganzer Komplex aus Laubengang, Gesindehaus, Mühle, Scheune und Bäckerei, in denen man heute die Sage hautnah erlebt (www.krabat-muehle.de). Im Haus des Müllers und vor der Bauernstube werden zudem unter anderem sorbische Spezialitäten wie Tafelspitz, Hochzeitssuppe und Buttermilchplinsen serviert.

Und wahrlich, auch 400 Jahre später könnte man meinen, im Koselbruch herrsche noch immer ein Zauber. Dieser aber liegt nicht etwa im Koraktor des Schwarzen Müllers, sondern in der Idylle der Wald- und Wiesenlandschaft, die das kleine Elysium umgibt. Diese erkundet man am besten bei einem ausgiebigen Spaziergang über den Erlebnispfad und durch den duftenden Kiefernwald.

**FAZIT: EIN ORT, SO ZAUBERHAFT WIE DIE SAGE UM KRABAT SELBST – GANZ BESONDERS WÄHREND DER JÄHRLICHEN FESTSPIELE IM SOMMER.**

---

**Hin & weg:** Mit der S4 von Leipzig oder der RE15 von Dresden nach Schwarzkollm; Parken am Wanderparkplatz vor der Mühle.

**Beste Zeit:** Ganzjährig geöffnet, am schönsten an trockenen Tagen, wenn man draußen auf dem Hof sitzen kann.

**Dauer:** Mit Spaziergang und Erlebnispfad 3–4 Std.

**Ausrüstung:** Eine Ausgabe von Otfried Preußlers Krabat für eine Märchenstunde im Koselbruch.

---

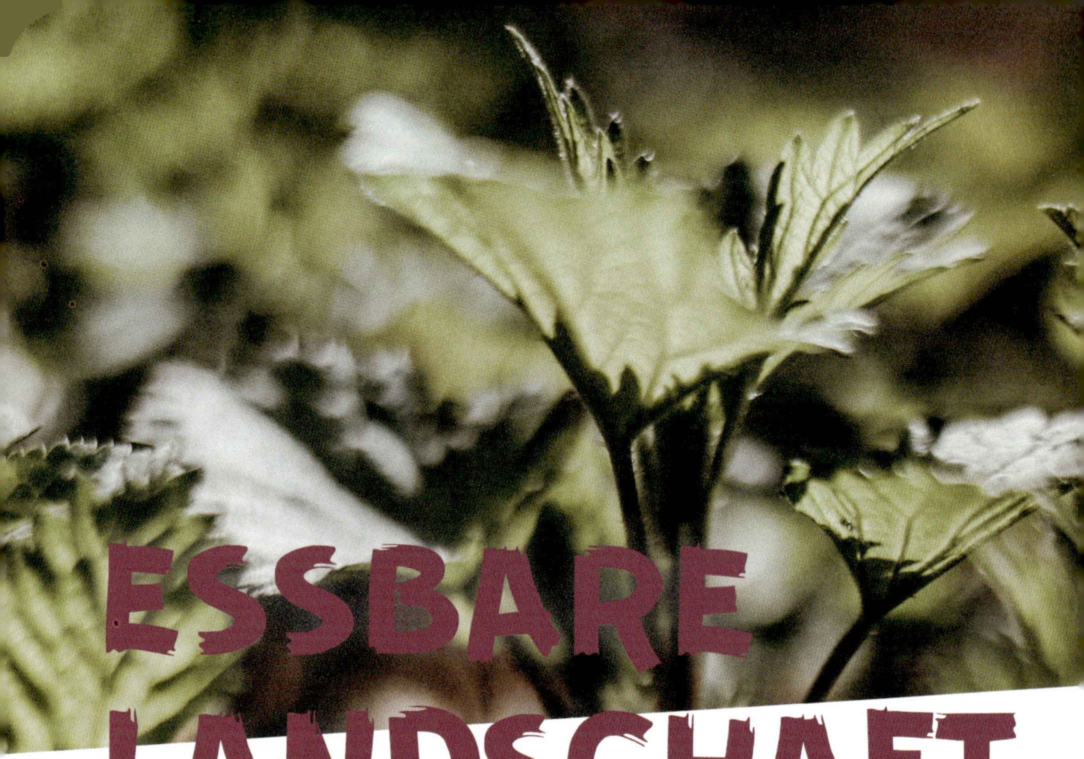

# ESSBARE LANDSCHAFT

... im Mandautal

**#3**

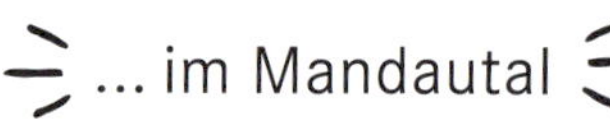

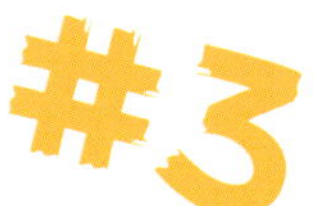

*Frühlingszeit ist Kräuterzeit. Auf den Wiesen des malerischen Mandautals wachsen dann Giersch, Brennnessel, Scharbockskraut & Co. in Hülle und Fülle. Gleichsam findet man viele romantische Plätze, um die Kräuter direkt bei einem Picknick zu probieren.*



#Wieseessen #vonderHandindenMund #Kräuterbrot #Outdoorküche

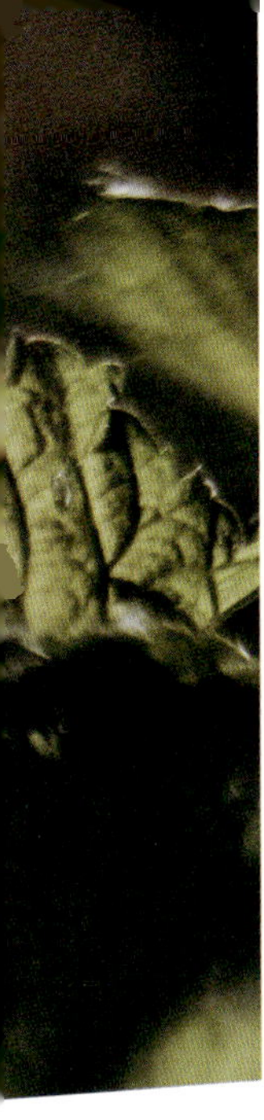

→ ABSTECHER …

Heilpraktikerin Christine Cieslak bietet im Mandautal geführte Kräuterwanderungen an.

Wenn die Luft erfüllt ist vom würzig frischen Duft des Frühlings, ist genau die richtige Zeit fürs Kräutersammeln. Auf den nährstoffreichen Wiesen des Mandautals wachsen gleich mehrere Arten besonders schmackhafter Frühlingskräuter auf engstem Raum. Vom Startpunkt aus sind es nur wenige Hundert Meter bis zur weithin sichtbaren Pappel, die ihrerseits den Zugang ins Tal markiert. Mit dem Plätschern der Mandau eröffnen sich links und rechts des Wegs sogleich grüne Teppiche aus essbarem Grün. Giersch und Schar-

Tipp: Um beim Pflücken der Brennnesseln die juckenden Nesseln zu vermeiden, packt man die Blätter mit einer Streichbewegung an ihrer Unterseite.

bockskraut schmiegen sich an den Boden; Klettenlabkraut, Brennnessel, Löwenzahn und Gänseblümchen verfeinern den Sammelkorb.

Schon der kurze Weg entlang des Flusses bis zum Durchgang an der Bahntrasse genügt,

um jede Menge Kräuter für die Outdoorküche zu finden. Denn was wäre an dieser Stelle schon aufregender, als sie gleich draußen zu probieren? Die sonnenbeschienenen Wiesen unterhalb des Schülerbergs sind der ideale Ort für ein Picknick. Möglichkeiten, die Kräuter zu genießen, gibt es viele: Ein frisches Brot mit etwas Butter lässt ihren Geschmack bestens zur Geltung kommen. Noch mehr Spaß macht es aber, selbst ein Brot zu backen. Ein Gaskocher, eine kleine Pfanne und ein vorbereiteter Teig genügen, um ein leckeres Kräuter-Bannock zu zaubern.

## Bannock mit wilden Kräutern (2 Personen)

*200 g Mehl*
*90 ml Wasser*
*½ TL Backpulver*
*½ TL Salz*
*Raps- oder Sonnenblumenöl*
*Frühlingskräuter*

*Mehl, Backpulver und Salz mischen. Anschließend ein Loch in die Mitte des Mehlbergs drücken, Wasser hineingeben, nach und nach das Mehl von außen einrühren und kneten, bis ein glatter Teig entsteht. Ein EL Öl im Teig verhindert das Anbrennen. Später die Kräuter einkneten und den Teig mit reichlich Öl in einer Pfanne bei geringer Hitze ausbacken.*

Nicht vergessen: Für den Rohverzehr sollten die Kräuter gründlich gewaschen werden.

Um nicht versehentlich die falschen Kräuter zu pflücken, sollten bei diesem Ausflug unbedingt ein Bestimmungsbuch oder eine -App dabei sein. Wer sich dennoch unsicher ist und mehr über die Welt der Kräuter, ihre Anwendungen in der Küche oder auch in der Heilkunde erfahren möchte, bucht bei »NaturWege« eine geführte Kräuterwanderung.

Heilpraktikerin Christine Cieslak ist im Mandautal zu Hause und kennt die Wege wie ihre Westentasche. Sie weiß, wo welches Kraut zu finden ist, an welchen Wegen keine Pestizide gespritzt und Dorfhunde spazieren geführt werden. Darüber hinaus inspiriert sie mit ihren Rezeptideen und ihrem Wissen über die Wirkung der Kräuter auf den menschlichen Körper (www.naturwege-oberlausitz.de).

Bei aller Faszination für das köstliche Grün sollte man es trotzdem nicht verpassen, einen Abstecher auf den Schülerberg zu unternehmen. Von ihm hat man einen tollen Blick auf die Talwiesen bis hin zu den Gipfeln des Zittauer Gebirges. Der höchste von ihnen, die Lausche, hilft bei der Orientierung.

**FAZIT: VON DER HAND IN DEN MUND – DAS EIGENE ESSEN IN DER NATUR ZU PFLÜCKEN MACHT JEDEN SPAZIERGANG BESONDERS!**

---

**Hin & weg:** Mit der Buslinie 18 der KVG zur Haltestelle Kaufpark, Mittelherwigsdorf; Parken hinter der Naturparkfleischerei Mittelherwigsdorf.

**Beste Zeit:** März–Anfang Mai, wenn die Frühlingskräuter frisch und zart sind.

**Dauer & Strecke:** 2 Std., 5 km.

**Ausrüstung:** Ein Körbchen mit einem feuchten Stofftuch für die Kräuter, evtl. Gaskocher, Pfanne und Teig fürs Bannock, Bestimmungsbuch.

---

# RAPUNZEL, RAPUNZEL

**#4**

*Burg Stolpen war mehrfach Schauplatz bedeutender historischer Ereignisse. Besonders bekannt wurde sie jedoch als Gefängnis der Gräfin Cosel. Die romantische Wanderung entlang der Wiesen rund um die Wesenitz führt direkt zwischen ihre legendenumwobenen Mauern.*

#GräfinCosel #AugustderStarke #Luxusgefängnis #Dorfromantik

Im Frühling gleichen die Bachufer riesigen Teppichen aus blühenden Buschwindröschen.

Rapunzel, Rapunzel, lass dein Haar herunter! Nur zu gern erzählt man sich vom Coselturm auf Burg Stolpen, dem Ort, an dem die berühmteste Mätresse des sächsischen Kurfürsten und polnischen Königs August des Starken 49 Jahre lang gefangen gehalten wurde. Doch so ganz entspricht das Grimmsche Narrativ im Fall der Gräfin Cosel nicht der Wahrheit. Nicht nur, da sie niemals aus ihrer Gefangenschaft errettet wurde, sondern auch, weil der Kurfürst es seiner ehemaligen Geliebten trotz Haft an nichts mangeln ließ. Vielmehr residierte sie in großzügigen Gemächern als in der Enge eines Turms. Trotzdem blieb die Burg ihr Gefängnis, bis sie 1765 im Alter von 84 Jahren zwischen ihren Mauern verstarb.

Auch wenn es vor allem die mystifizierte Episode der Gräfin Cosel ist, die die Burg Stolpen zum Besuchermagneten macht, wird spätestens beim Rundgang klar, dass sie noch viel mehr zu erzählen hat (www.burg-stolpen.org). Bevor man jedoch in aller Ruhe ihre Geheimnisse lüftet, lohnt sich eine kleine Rundwanderung durch das ausgesprochen liebliche Umland.

Schon nach den ersten 800 Metern der Tour blickt man über Wiesen und Felder auf die unverkennbare Silhouette der Burg. Weiter geht's am Lauf der Wesenitz. Am schönsten sind die Wege im Frühling, wenn links und rechts ihrer Ufer die Buschwindröschen blühen. Wie Tausende weißer Farbtupfer sprenkeln die Blüten dann die sattgrünen Wiesen, während die eine oder andere tierische Begegnung entlang des Wegs das Landidyll komplettiert.

Wo heute die Burg Stolpen steht, brach vor 25 Millionen Jahren ein Vulkan aus und schuf die bizarren Basaltsäulen, die ihr später als Festung dienen sollten.

Nachdem die letzten Meter durch die beschauliche Altstadt wieder zur Burg geführt haben, wird man spätestens jetzt an ihrer Westseite auch die mächtigen Basaltsäulen entdecken, auf denen sie im 12. Jahrhundert erbaut wurde. Tatsächlich war Stolpen damit auch der Ort, an dem Agricola dem Basalt seinen Namen gab und die Kleinstadt damit zur Typuslokalität aller Basalte weltweit machte. Diesem Umstand verdankt Stolpen auch seine Anerkennung als Nationaler Geotop. Wenn man sich nun also endlich in die Burg begibt, sollte man nicht nur nach den Spuren der Gräfin, der Folterkammer oder dem Aussichtspunkt auf dem Siebenspitzenturm suchen, sondern auch unbedingt die einzigartige Symbiose von Burgarchitektur und Basalt beachten.

**FAZIT: EINE LEBENDIGE GESCHICHTSSTUNDE INMITTEN LÄNDLICHER IDYLLE.**

---

**Hin & weg:** Von Pirna mit der RB71 oder der Buslinie 234 des RVSOE nach Stolpen, bzw. Stolpen Ärztehaus; Parken ist möglich unterhalb der Burg.

**Beste Zeit:** Im Frühling, wenn rund um Stolpen die Märzenbecherwiesen blühen.

**Dauer & Strecke:** 2 Std., 8 km, mit Besichtigung der Burg ein halber Tag.

**Ausrüstung:** Holzschwert und Schild für kleine Ritter, Picknickdecke für die großen.

---

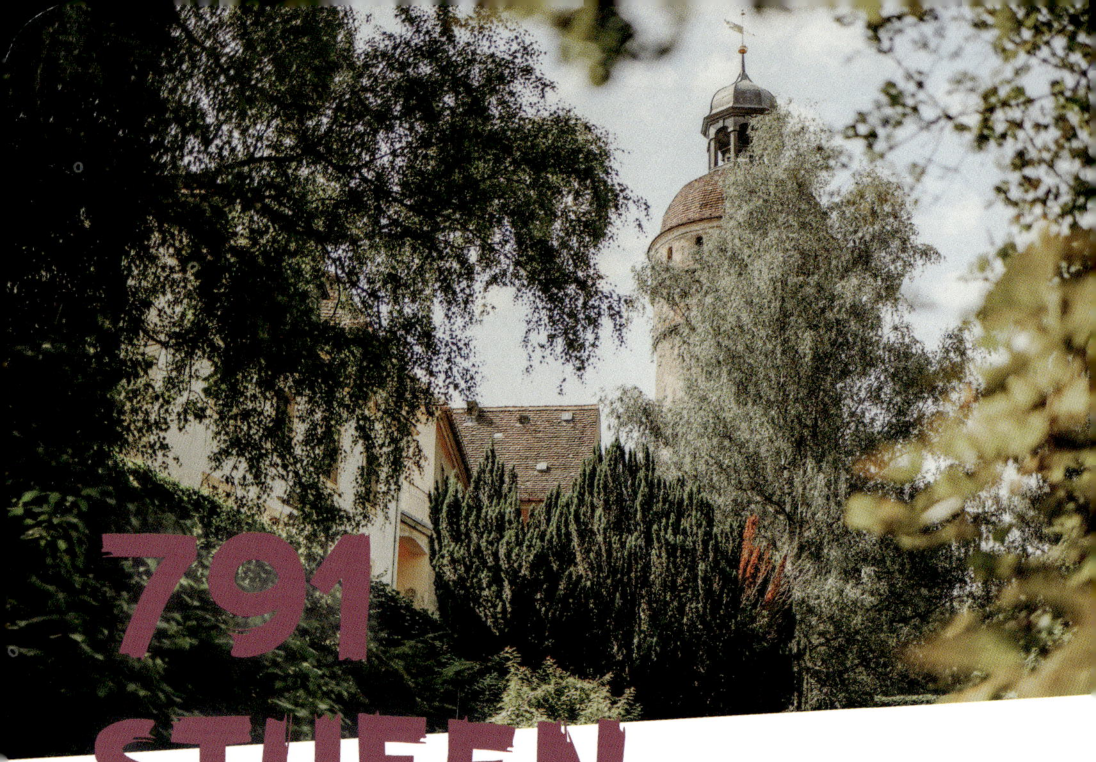

# 791 STUFEN

## ... auf die Türme von Görlitz

**#5**

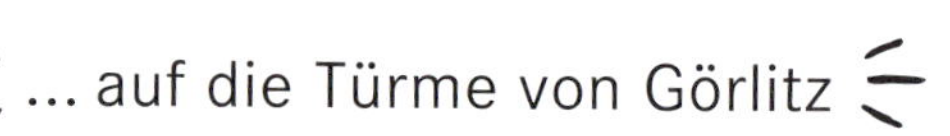

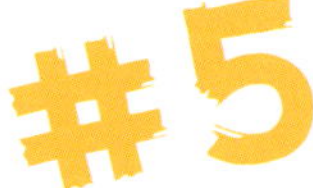

*Die Filmstadt Görlitz bezaubert nicht nur mit einer lebendigen Altstadt voller pittoresker Baudenkmale, sondern auch mit allerlei Aussichten. Sechs Türme überragen die Dächer der Stadt und sie alle lassen sich begehen. Die zahlreichen Cafés laden zwischendurch zu einer Pause ein.*



#Görliwood #StufeumStufe #Denkmal #Architektur #StadtderTürme

Die Sonnenorgel in der Peterskirche hat 6.095 Pfeifen und kann verschiedene Vogelstimmen und Meeresrauschen spielen.

→ ABSTECHER ...

Der wohl größte Schatz der Europastadt Görlitz/Zgorzelec ist ihr architektonischer Reichtum. Allein auf deutscher Seite sind fast 4000 Baudenkmale aus 500 Jahren europäischer Baugeschichte erlebbar. Größtenteils aufwendig saniert, finden sich hier Bauten aus Gotik und Renaissance bis zur Gründerzeit und zum Jugendstil. Während immer wieder einzelne Häuser wie beispielsweise die Ratsapotheke mit ihren beiden Sonnenuhren, der Schönhof oder der Untermarkt 22 mit seinem Flüsterbogen auffallen, sind es aber vor allem die Türme, die Görlitz seine unverkennbare Silhouette geben. Nicht umsonst wird sie auch die Stadt der Türme genannt, wenn man nicht gerade aufgrund ihrer Filmgeschichte von Görliwood spricht.

Dicker Turm, Nikolaiturm, Rathausturm, Hotherturm, Reichenbacher Turm und der Glockenturm der Peterskirche – sie alle können zu bestimmten Zeiten beziehungsweise Terminen besichtigt werden (https://turmtour.fvks.eu) und bieten mitunter eine sagenhafte Aussicht über die Dächer der Stadt. Eine Spazierroute durch die Altstadt leitet den Weg: Angefangen am Georgsbrunnen, flaniert man zunächst an besagtem Schönhof vorbei zum Rathaus am Untermarkt. Der Untermarkt diente übrigens unter anderem als

Drehort für »Goethe!«, »In 80 Tagen um die Welt«, »Die Bücherdiebin« und »Inglourious Basterds«. Hat man von hier die 191 Stufen auf die 60 Meter hohe Plattform überwunden, genießt man vom Rathausturm eine beeindruckende 360°-Rundumsicht.



Weiter geht's zur Stadtkirche St. Peter und Paul mit ihrem weithin sichtbaren Turmpaar und

---

**Hin & weg:** Von Dresden kommend mit der RB 60 oder der RE 1, von Cottbus kommend mit der RB 65 nach Görlitz; parken kann man bspw. am Parkplatz Altstadt, Hugo-Keller-Str. 16.

**Beste Zeit:** Die meisten Türme sind zwischen März und Dezember bzw. April und Oktober begehbar.

**Dauer & Strecke:** Reine Gehzeit 1 Std., 2 km, mit Besichtigung von 2 Türmen ein halber Tag.

**Ausrüstung:** Mit der Görliwood-Stadtkarte macht's doppelt Spaß (www.goerlitz.de/Informationsmaterial.html).

---

Glück im Unglück: Görlitz blieb von den Zerstörungen des Zweiten Weltkriegs fast völlig verschont.

durch den idyllisch angelegten Nikolaizwinger zum dicht bewachsenen Hotherturm. Dieser gehörte zu den ursprünglich 30 Basteien der Stadtmauer. Am Ausgang der Parkanlage erblickt man bereits zwischen den Baumkronen den Nikolaiturm. Auf sieben Stockwerken werden in ihm Exponate zur Stadtgeschichte präsentiert. Zurück am Obermarkt, bewegt man sich dieses Mal in entgegengesetzter Richtung geradewegs zum Kulturhistorischen Museum mit dem Reichenbacher Turm.

Anschließend führt der Spaziergang zur ausgesprochen schönen Straße Am Museum und zum Marienplatz. Auf ihm findet sich neben dem letzten Turm der Tour, dem Dicken Turm, auch das vielleicht schönste Kaufhaus Deutschlands, das als »Grand Budapest Hotel« dank Regisseur Wes Anderson über Nacht zum Star wurde. Mit etwas Fantasie kann man im aktuell leerstehenden Gebäude noch immer den Lobby Boy durch die Korridore wandeln sehen. Auf Anfrage können sogar Führungen vereinbart werden (www.kaufhaus-goerlitz.eu). Vom Dicken Turm, der vor der Jahrtausendwende gern von Studierenden für Partys genutzt wurde, eröffnet sich ein toller Blick auf den Platz und dessen architektonisches Ensemble.

**FAZIT: EIN AUSSICHTSREICHER UND BUCHSTÄBLICH ATEM(BE)RAUBENDER STADTSPAZIERGANG ENTLANG VON PRACHTBAUTEN UND FILMKULISSEN.**

→ ABSTECHER …

# KÖNIGLICHE AUSSICHT

## … am Löbauer Berg

*Die allermeisten Menschen lieben Sonnenuntergänge, doch wie oft sieht man die Sonne eigentlich wirklich hinterm Horizont versinken? Die kleine Rundwanderung zum König-Friedrich-August-Turm bietet eine exzellente Gelegenheit und gleichsam eine europaweit einzigartige Kulisse.*

#Denkmalschutz #Aussichtsturm #Architektur #Lichtspielhaus

Einst ein Vulkan, thront der dicht bewaldete Löbauer Berg über der Stadt - auf ihm der einzige erhaltene gusseiserne Turm Europas. Was erst einmal industriell und wenig romantisch klingt, ist jedoch ausgesprochen ansehnlich.

Inspiriert durch den Londoner Kristallpalast des britischen Architekten Paxon schuf man auf dem Gipfel des Berges eine filigrane achteckige Konstruktion im Neostil des 19. Jahrhunderts. 120 Stufen führen über eine Wendeltreppe hinauf auf 24 Meter Höhe, während unzählige Ornamente in Stufen und Fassade einen Blick auf die Umgebung gewähren. Durch die ohnehin schon exponierte Lage schaut man von oben bis zum Zittauer Gebirge und über weite Teile der Oberlausitz. Benannt wurde der Turm nach König Friedrich August II., der dessen Eröffnung im Jahr 1854 jedoch gar nicht mehr miterlebte, da er zuvor in Tirol tödlich verunglückte.

Um den Turm zu erreichen, nimmt man vom Parkplatz zunächst den Weg zum Berggasthof Honigbrunnen mit seiner großen Sonnenter-

---

**Hin & weg:** Von Dresden oder Görlitz kommend mit der RE 1 zum Bahnhof Löbau (ca. 1,5 km bis zum Startpunkt); Parken möglich auf Wanderparkplatz an der Siegessäule.

**Beste Zeit:** Ganzjährig begehbar, am besten im Sommer, wenn der Sonnenuntergang am längsten andauert.

**Dauer & Strecke:** 1,5 Std., 4 km.

**Ausrüstung:** Sundowner für alle und Münzgeld für den Automaten am Turm.

---

Bei guter Sicht reicht der Blick bis zu den Türmen Bautzens und sogar bis zu den Bergen des Iser- und Riesengebirges.

rasse und folgt von dort der Ausschilderung zum Turm. Für dieses erste Stück benötigt man rund 45 Minuten. Am besten plant man den Spaziergang so, dass man den Turm etwa eineinhalb Stunden vor Sonnenuntergang erreicht. Am Abend nämlich, wenn die Sonne flach über dem Horizont steht, verwandelt sich der Turm buchstäblich in ein Lichtspielhaus. Sonnenstrahlen fallen durch die Ornamente, werden am Metall reflektiert und lassen den sonst so dunklen Turm golden funkeln. Gedanken um eventuelle Öffnungszeiten muss man sich dank des Automaten am Eingang keine machen. Der Turm ist rund um die Uhr zugänglich und wird nachts von außen beleuchtet.

Im Moment, da die Sonne hinterm Horizont versinkt, sollte man ihn jedoch wieder verlassen, um noch genügend Licht für den nicht weniger romantischen Rückweg zu haben. Dieser führt auf grasbewachsenen Pfaden durch den Wald zurück zum Parkplatz. Unterwegs wird man dabei auf einen weiteren ausgesprochen schönen Rastplatz am Rand des Waldes mit allerlei duftenden Wildblumen stoßen. Wer sich bis dahin noch keinen Sundowner genehmigt hat, findet hier die passende Kulisse. In den dunklen Monaten, in denen die Dämmerung kürzer ist, läuft man die Tour einfach andersherum. Der Weg über den Honigbrunnen lässt sich bei Dunkelheit wesentlich einfacher gehen und ist zwischen Gasthof und Parkplatz sogar beleuchtet.

**FAZIT: EIN ARCHITEKTONISCHER SPAZIERGANG ZUM LETZTEN ERHALTENEN GUSSEISERNEN TURM EUROPAS.**

# BAUM FÄLLT!

... in der Königsbrücker Heide

*Die Königsbrücker Heide beheimatet als größtes Naturschutzgebiet Sachsens mehr als 100 Biber, die überall sichtbar ihre Spuren hinterlassen. Doch selbst wenn man kein Glück mit einer Sichtung hat, ist da immer noch die bezaubernde gelb und lila leuchtende Heide.*



#Biber #Spurensuche #nahamWasser #Lehrpfad

Um sich vor Feinden zu schützen, liegen die Eingänge zu den Biberburgen unter Wasser. Reicht der Wasserstand nicht aus, baut der Biber Dämme.

Wäre es nicht aufregend, fernab von Tierparks einen Biber zu sehen? Obwohl Wildtierbeobachtungen in dicht besiedelten Regionen wie Deutschland immer einem kleinen Wunder gleichen, sind die Chancen in der Königsbrücker Heide groß. Nachdem das Gebiet über Jahrzehnte als Truppenübungsplatz genutzt wurde, hat man es 1992 nach dem Abzug der russischen Armee zum größten sächsischen Naturschutzgebiet erklärt.

Die wenigen Tiere, die sich seit der Ausrottung der Biber vor 250 Jahren wieder angesiedelt hatten, konnten sich nun frei bewegen. Inzwischen leben 30 bis 40 Biberfamilien rund um die Gewässer der Königsbrücker Heide.

Um ihre Spuren zu entdecken, braucht es hier weder Adlerblick noch Fernglas. Folgt man von der Grünmetzmühle dem Biberpfad, entdeckt man sie überall: abgenagte Bäume, Biberdämme, -weiher und -burgen. Will man aber tatsächlich einen Biber und nicht nur seine Spuren sehen, kommt man am besten in der abendlichen Dämmerung, wenn die meisten Wanderer schon wieder auf dem Heimweg sind. In diesen Stunden und bis tief in Nacht hinein sind die Biber am aktivsten.

Mindestens genauso spannend wie die Suche nach dem Biber ist die Heide selbst. Obwohl der Truppenübungsplatz auch die einstige Kulturlandschaft der Heidebauern zerstörte, sprenkeln zwischen April und November lilafarbene Besen- und gelbe Ginsterheide die Landschaft. Die typisch sandigen Wege führen an ihr vorbei durch dichte Kiefernwälder und verbinden die beiden Seen am Biberpfad. Da dieser allein mit sechs Kilometern ein kurzes

In der Königsbrücker Heide werden nur die Besucherwege gepflegt. Ringsherum darf ohne menschlichen Einfluss eine neue Wildnis entstehen. Der Prozess wird wissenschaftlich begleitet.

Vergnügen ist, lohnt es sich, die Tour an der Grünmetzmühle um den Turmpfad zu verlängern. Dieser führt in entgegengesetzter Richtung zum Aussichtsturm am Haselberg. Statt Kiefern reihen sich auf dieser Seite der Pulsnitz tausende Birken aneinander und erzeugen mit ihren silbrig-schwarz gestreiften Stämmen ein phantasmagorisches Flimmern, das einen wie eine optische Illusion bis zum Haselberg begleitet. Dort angekommen, tauscht man das Flimmern gegen das nächste faszinierende Bild: Bei guter Sicht bietet der 34 Meter hohe Turm einen Rundblick bis ins Erzgebirge, in die Böhmische Schweiz und die Lausitz.

Anschließend geht's am besten auf gleichem Weg wieder zurück, wenn man nicht gerade daran interessiert ist, einen Photovoltaikpark aus nächster Nähe zu sehen. Dann wiederum setzt man den Weg auf dem Turmpfad fort, bis dieser wieder den Ausgangspunkt erreicht.

---

**Hin & weg:** Die Anreise mit den öffentlichen Verkehrsmitteln gestaltet sich schwierig; Parken ist an der Grünmetzmühle bei Königsbrück möglich.

**Beste Zeit:** Am schönsten zwischen Mai und August, wenn der Ginster blüht; in der sommerlichen Abenddämmerung steigt die Chance, Biber zu sehen.

**Dauer & Strecke:** 3 Std., 13 km.

**Ausrüstung:** Ein Fernglas für Bibersichtungen.

---

**FAZIT: AUSGESTATTET MIT EINEM FERNGLAS WIRD DIESE WANDERUNG IN DER ABENDDÄMMERUNG ZU EINER SPANNENDEN BEOBACHTUNGSTOUR.**

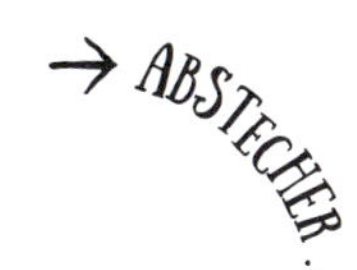

# 1, 2, 3, 4 ECKSTEIN

… im Felsenlabyrinth Langenhennersdorf

**#8**

*Wie lang ist es her, dass wir zum letzten Mal ganz euphorisch Verstecken gespielt haben? Das Labyrinth in Langenhennersdorf bietet mit seinen Kletterfelsen, Spalten und Höhlen auch Erwachsenen eine Spielwiese, wie man sie sich als Kind nur wünschen konnte. Nur noch bis 100 zählen und los geht's!*

#allesmussversterecktsein #hintermirundvormirgibtesnicht #ichkomme

Schmale Spalten, Höhlen, Felsvorsprünge auf verschiedenen Höhen und oben ein Plateau – wenn man das Langenhennersdorfer Felsenlabyrinth zum ersten Mal entdeckt, wird schnell klar, woher sein Name stammt. An der Sandsteininsel zwischen den Nikolsdorfer Wänden und dem Bernhardstein hat die Verwitterung besonders harte Arbeit geleistet. Unzählige verwinkelte Wege führen zwischen den Steinen hin und her, nach oben und unten, und verwandeln das Terrain in einen riesigen natürlichen Abenteuerspielplatz.

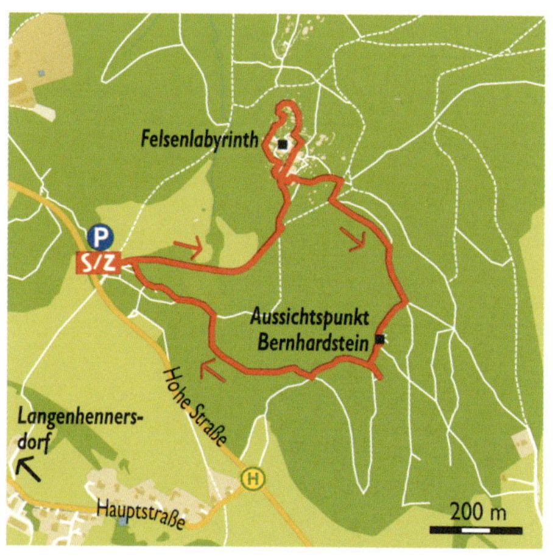


Dabei bleibt das Gelände mit etwa 100 Metern Breite, 250 Metern Länge und einer durchschnittlichen Felshöhe von fünf bis zehn Metern im positiven Sinne überschaubar, sodass sich niemand ernsthaft verlaufen kann. Trotzdem ist oben etwas Vorsicht geboten: Geländer oder ähnliche Begrenzungen gibt es keine. Wer sich nicht gleich gemeinsam mit seinen kleinen oder großen Spielgefährten in eine Runde Verstecken stürzt, folgt einfach dem vorgegebenen Weg. Dieser ist mit Zahlen in aufsteigender Reihenfolge mar-

Durch die unterschiedliche Zusammensetzung der Sandsteinschichten und Erosion entstehen an den Felsen verschiedenste abstrakte »Bilder« und Formen.

kiert und führt sicher durchs Labyrinth. Das Plateau eignet sich außerdem herrlich für ein Picknick in der Sonne. Wenn man anschließend nicht einfach nur die 500 Meter zurück zum Parkplatz laufen möchte, findet man unweit des Labyrinths den Aussichtspunkt am Bernhardstein. Mit seinem nach Nordosten freistehenden Gipfel auf 424 Metern Höhe bietet er bei guter Sicht einen tollen Ausblick über die Sächsische Schweiz samt den unverwechselbaren Silhouetten von Festung Königstein, Lilienstein, Schrammsteinen, Brand und Gohrisch. Bei genauerem Hinsehen wird man an dieser Stelle auch noch kleine Spuren der Verschanzungsanlage finden, die die napoleonischen Truppen hier im Jahr 1813 errichteten. Nachdem man bergan einen kurzen steilen Aufstieg über Stufen überwunden hat, geht es nun umso gemütlicher geradewegs zum Parkplatz wieder bergab.

---

**Hin & weg:** Von Pirna kommend mit der Buslinie 245 des RVSOE zur Haltestelle Langhennersdorf Abzweig Labyrinth; Parken auf dem ausgeschilderten Wanderparkplatz.

**Beste Zeit:** Nach mehreren warmen und trockenen Tagen, wenn keine Nässe die Felsen rutschig macht. An Wochenenden und in den Ferien finden sich viele Mitspieler. Will man das Spielfeld für sich allein, sollte man diese Tage jedoch meiden.

**Dauer:** Je nach Durchhaltevermögen 2–3 Std.

**Ausrüstung:** Ein kleiner Rucksack muss reichen, sonst passt man nicht durch die Felsspalten.

---

**FAZIT: AM FELSENLABYRINTH LANGENHENNERSDORF KÖNNEN SICH KINDER UND ERWACHSENE MIT KINDLICHEN HERZEN SO RICHTIG AUSTOBEN!**

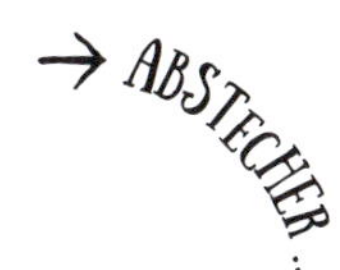


# DAS GLÜCK DER ERDE

… am Partwitzer See

*Ganz egal, ob Anfänger oder sattelfester Reiter – am Partwitzer Hof können alle Pferdebegeisterten unabhängig von Alter und Erfahrung einen Ausritt in der Natur genießen. Und welche Kulisse könnte dabei schöner sein als das blau funkelnde Wasser eines Sees?*

#Hottehü #Geländeritt #Bergbaufolgelandschaft #SchrittTrabGalopp

Keine Angst! Die Ausritte werden von erfahrenen Reitlehrern begleitet, Anfänger werden geführt.

Mitten im Lausitzer Seenland, umgeben von vier weiteren Seen, Feldern und Kiefernwäldern liegt der Partwitzer See. Ganze elf Jahre dauerte es, bis der ehemaligen Tagebau Scado mit dem Wasser der Schwarzen Elster vollständig geflutet war. 2015 entstand so schließlich ein neues Ausflugsziel samt Radrundweg, Badestrand und zahlreichen Wassersportmöglichkeiten. Statt den See aber wie gewohnt vom Wasser oder dem Rad aus zu erkunden, bietet der angrenzende Partwitzer Hof die spannende Möglichkeit, die Landschaft vom Pferd aus zu entdecken (www.partwitzer-hof.de).

Aktuell leben auf dem Hof 15 Pferde und zwei Ponys für den Schulbetrieb, aus denen die Reitlehrer nach vorheriger Buchung das jeweils passende Tier für den Reiter wählen. Das Angebot richtet sich nicht nur wie üblich an Kinder und Freizeitreiter, sondern auch an erwachsene Reitanfänger, Wiedereinsteiger und Angstreiter. Zählt man sich zu letzteren drei, wird man von erfahrenen Reitlehrern begleitet, die das Pferd am Strick führen, sodass man sich sicher und ohne Angst auf die neuen Bewegungen und die Landschaft konzentrieren kann. Wer reiten kann, kommt natürlich schneller voran. Geübte Reiter werden ebenfalls begleitet, können das Erlebnis aber frei und in allen Gangarten ausschöpfen.

Abhängig vom Wetter und dem reiterlichen Können befindet man sich zwischen ein und

Sandstrand und blaues Wasser: Die Badestelle am Partwitzer See lässt Urlaubs-Feeling aufkommen!

zweieinhalb Stunden im Sattel. Dabei geht's zunächst durch duftende Kiefernwälder, über saftige Wiesen und entlang goldener Felder. Der Blick vom neu gewonnenen Hochsitz schweift weit, und lang dauert es nicht, bis man das erste Funkeln des Sees erblickt. Mit dem Blau zur einen und dem Grün zur anderen Seite reitet man so immer bis zum Hof zurück.

---

Hin & weg: Mit den öffentlichen Verkehrsmittel kaum zu erreichen; Parken direkt am Hof möglich.

Beste Zeit: Ganzjährig wetterabhängig buchbar, am schönsten im Sommer, wenn man hinterher baden gehen kann.

Dauer: Je nach Voraussetzungen 1–3 Std.

Ausrüstung: Lange Hose; Reithelme können geliehen werden.

---

Da so ein Ausritt – besonders im Sommer – einen doch ganz schön ins Schwitzen bringen kann, ist die Lage am See ideal. Nur wenige Hundert Meter Fußweg vom Partwitzer Hof entfernt, befindet sich in der natürlichen Bucht südlich der markanten Halbinsel Scado ein Badestrand. Durch den natürlichen Schutz der Bucht bekommt man an dieser Stelle auch nur wenig mit vom Schiffsverkehr, der durch die beiden schiffbaren Kanäle zwischen Geierswalder, Partwitzer und Sedlitzer See herrscht.

**FAZIT: DER IDEALE ORT FÜR ALLE, DIE AUCH OHNE VORERFAHRUNG SCHON IMMER MAL EINEN AUSRITT ERLEBEN WOLLTEN.**

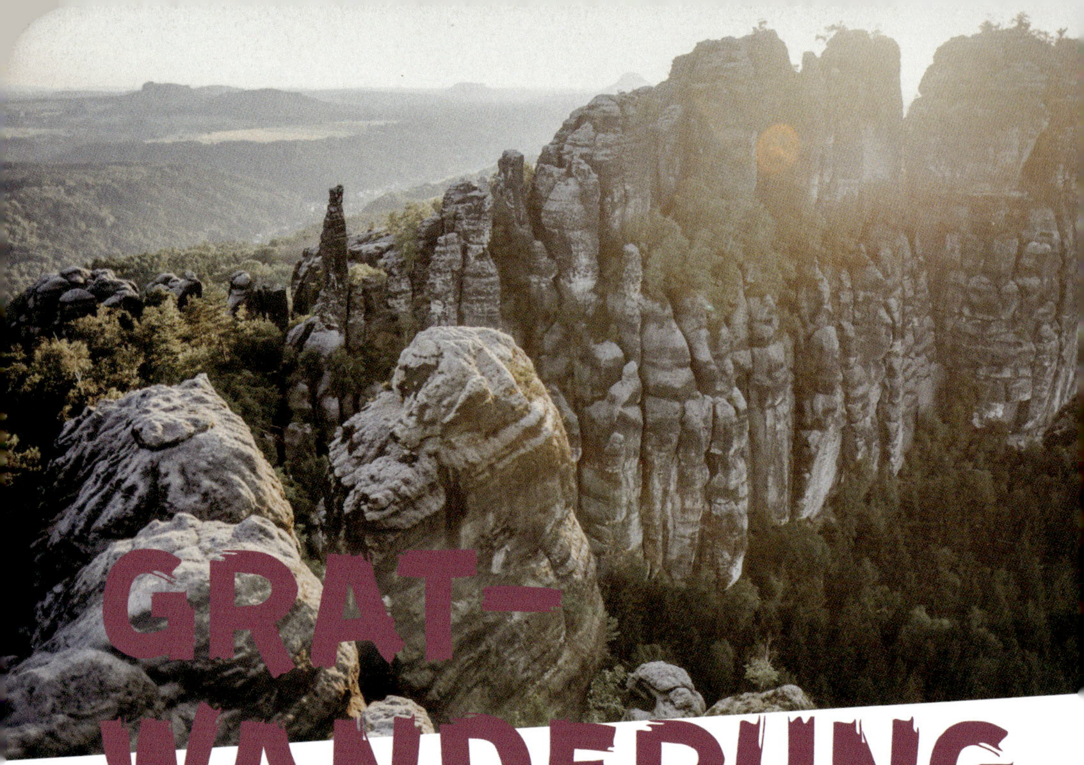

# GRAT-WANDERUNG

## ... zu den Schrammsteinen

**#10**

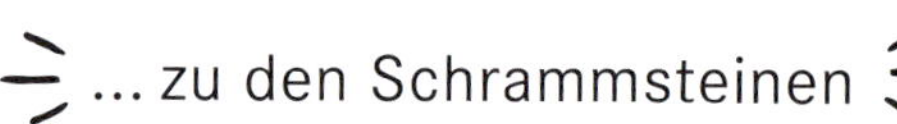

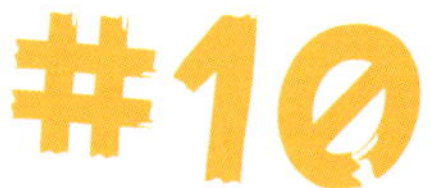

*Der Gratweg und die Schrammsteine erfreuen sich – zurecht – solcher Beliebtheit, dass man an freien Tagen schon mal an den Stiegen anstehen muss. Um die berühmte Gesteinsformation trotzdem entspannt erleben zu können, lohnt sich eine kurze Tour am späten Abend – Sonnenuntergang inklusive.*

#Sundowner #Gratweg #Sommerabend #gegendenStrom

Der Weg zu den Schrammsteinen verläuft über zahlreiche Steintreppen und Leitern.



Nicht grundlos zählt die Wanderung über den Gratweg zu den Schrammsteinen zu den beliebtesten der Sächsischen Schweiz. Kaum eine Gesteinsformation ist spektakulärer anzusehen und kaum ein Wanderweg spaßiger zu begehen. Entsprechend wird es an Wochenenden, Feiertagen und in den Ferien manchmal so voll, dass man mitunter an den zahlreichen Stiegen anstehen muss, die über den schmalen Gratweg führen. Um genau diesem Andrang zu entgehen und dennoch das Erlebnis voll auszuschöpfen, unternimmt man diese Wanderung am besten als Sonnenuntergangs-Tour am späten Nachmittag. Hat man nach dem Zustieg über den Elbleitenweg nämlich erst einmal die Aussicht an der Breiten Kluft erreicht, bewegt man sich nur noch in westlicher Richtung – geradewegs zur untergehenden Sonne.

Bevor man jedoch zu den Schrammsteinen gelangt, warten knapp eineinhalb aufregende Kilometer auf dem Gratweg. Wie sein Name beschreibt, verläuft der schmale Pfad immer auf dem höchsten Punkt des Felsens, während dessen Wände steil nach links und rechts abfallen und grandiose Ausblicke gewähren. Doch keine Sorge: Der Weg erfordert mit seinen Stiegen und dem vielen Auf und Ab zwar Trittsicherheit, wird aber an besonders schmalen Stellen durch Geländer begleitet. Am Ende des Gratweges erreicht man das eigentliche Highlight und Ziel der Tour: die Aussicht auf die Schrammsteine mit ihren 80 Gipfeln. Für diesen ersten Teil der Wanderung sollte man etwas mehr als zwei Stunden einplanen. Mit einem Sundowner in der Hand kann man nun der Sonne praktisch von Mi-

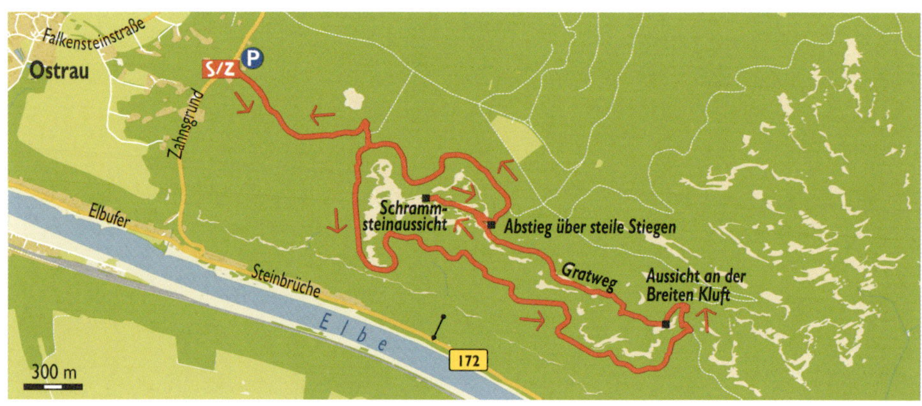

Gratweg und Schrammsteinaussicht sind auch Teil der 4. Etappe des bekannten Malerwegs. Diese verläuft von Altendorf zur Neumannmühle.

nute zu Minute dabei zusehen, wie sie Dreifingerturm, Tante, Torsteinen und dem einzeln stehenden Falkenstein immer näher rückt. Hat sie dann die Gipfel erreicht, darf man mit etwas Glück ein wahres Lichtspektakel erwarten, wenn sich die Strahlen den Weg durch die schmalen Spalten bahnen.

**Hin & weg:** Zunächst von Dresden kommend mit der S1 nach Bad Schandau. Von dort mit der Buslinie 252 des RVSOE zur Haltestelle Ostrau, Schrammsteinbaude; Parken auf dem Wanderparkplatz am Zahnsgrund bei Ostrau

**Beste Zeit:** Im Sommer, wenn die Dämmerung am längsten ist.

**Dauer & Strecke:** 3 Std., 9 km.

**Ausrüstung:** Snacks und Sundowner für das Sonnen-Kino und eine Stirnlampe für den Abstieg.

Für den Weg bergab sollte man anschließend etwa 50 Minuten Zeit einplanen. Wichtig ist trotzdem, rechtzeitig vor der vollkommenen Dunkelheit den Rückweg anzutreten, da die Stiegen vom Gratweg hinunter lang und steil am Fels entlangführen. Dabei gilt es zu bedenken, dass in den Wintermonaten die Dämmerung deutlich kürzer anhält als im Sommer. Wieder unten angekommen, helfen im Zweifelsfall Stirnlampen und Gelände-Apps wie komoot oder Outdooractive bei der Orientierung auf dem Rückweg. Alternativ kann man den einfacheren Zeughaus- und Wenzelsweg nehmen.

**FAZIT: SONNENUNTERGANGS-KINO AN DER VIELLEICHT BELIEBTESTEN AUSSICHT DER SÄCHSISCHEN SCHWEIZ.**

# SEEN-HOPPING

… in den Waldseen bei Niesky

## #11

*Die (Ober-)Lausitz bietet mit ihrer künstlichen Seenplatte jede Menge große Badeseen – ideal für Wassersport, Radtouren und Ähnliches. Wer zur Abwechslung aber einmal kleinere und schattigere Bademöglichkeiten sucht, wird an den lauschigen Waldseen bei Niesky fündig.*

#BlauesAuge #türkis #Sommertag #platsch #Waldbaden

An besonders heißen Sommertagen braucht es am besten ein schattiges Plätzchen direkt am Wasser. Auch wenn sich die vielen Badeseen, die in den stillgelegten Tagebauen der (Ober-)Lausitz entstanden sind, hervorragend für jeglichen Wassersport und Fahrradtouren eignen, fehlt es ihnen oftmals an natürlichem Schatten. Soll es also einmal nicht einer der großen Seen sein, finden sich rund um Niesky (sorb. Niska) gleich drei lauschige Badeseen mitten im Wald: das »Blaue Auge«, der Inselsee und der Kaolinschacht. Umgeben von Kie-

An den Seen gibt es keine Möglichkeit, sich zu verpflegen. Ein Picknickkorb verlängert den Badespaß.

fern, Birken und sandig-weichem Waldboden bieten sie jede Menge versteckte Buchten. Je nach Gusto dürfte bei so vielen Möglichkeiten jeder die eigene Lieblingsstelle finden.

Ganz besonders auffällig: Alle drei Seen kommen mit sauberem und tiefblauem Wasser daher, Kaolinschacht und Inselsee sogar mit der malerischen Kulisse einer kleinen bewachsenen Insel. Während das »Blaue Auge« und der Kaolinschacht frei zugänglich sind, fällt am Inselsee ein Eintrittsgeld an. Damit einher geht jedoch auch ein gepflegter Sandstrand. Ist man mit Kindern oder Nichtschwimmern unterwegs, wird man an Letzterem und dem »Blauen Auge« am meisten Spaß haben. An beiden ist das Wasser an vielen Stellen meterweit flach und damit auch bestens geeignet für Wasserspiele. Am Kaolinschacht hingegen wird das Wasser am Ufer schnell sehr tief. Geübte Schwimmer werden aber trotzdem viel Spaß haben, die 250 Meter lange Strecke am Südufer zu durchschwimmen. Die Insel hingegen sollte man besser nicht umrunden, da dort Baumstämme nah unterhalb der Wasseroberfläche liegen.

Wem anschließend das obligatorische Sommer-Sonnentag-Eis nicht fehlen darf, kann im Nachbarort Kollm (sorb. Chołm) an der EisOase aus zahlreichen hausgemachten Eissorten wählen. Experimentierfreudige Eisesser können sich dabei auch oft an originellen Geschmacksrichtungen wie beispielsweise Lavendel, Russisch Brot, Popcorn oder Ziegenkäse-Erdbeer ausprobieren.

**FAZIT: EIN BADETAG, WIE IHN RONJA RÄUBERTOCHTER BESTIMMT AM LIEBSTEN HÄTTE!**

---

Hin & weg: Für die Anreise von Görlitz oder Hoyerswerda mit der RB 64 braucht es zusätzlich ein Fahrrad, um zum »Blauen Auge« zu kommen; Parken jeweils an den Zufahrten zum See.

Beste Zeit: Vor allem im Sommer, aber eigentlich immer dann, wenn es eine Erfrischung braucht.

Dauer: Je nach Badelust und Laune.

Ausrüstung: Badesachen, Picknickkorb und Mückenspray für den Abend.

---

1904

→ Abstecher …

# Wandern delüchs

## … auf dem Luchsweg in Bad Schandau

**#12**

*Vor Jahrhunderten gehörten Luchse noch zu dem normalen Wildbestand der Sächsischen Schweiz. Heute führt der Luchsweg durch Bad Schandau in die Welt der grazilen Raubkatzen. Bei der Fahrt mit dem historischen Personenaufzug betritt man dabei sogar eine buchstäblich filmreife Kulisse.*

#Wildlife #Pinselohr #WesAnderson #filmreif #GrandBudapestHotel

Einst streiften Wölfe, Luchse und Bären durch die Sächsische Schweiz wie heute nur noch in echter Wildnis – bis der Mensch sie ausrottete. Seit den 1930er-Jahren haben sich aber neben Wölfen auch wieder einzelne Luchse in einem größeren grenzübergreifenden Areal angesiedelt. Auf einem speziellen Weg in Bad Schandau kommt man der scheuen Raubkatze näher und lernt viel über ihre Besonderheiten.



Um den Luchsweg auch ja nicht zu verfehlen, führen Luchsspuren an der Elbe entlang bis zum historischen Personenaufzug. Bevor man also im geschützten Wald oberhalb der Stadt

---

**Hin & weg:** Von Dresden kommend mit der S1 oder dem Auto zum Bahnhof Bad Schandau, anschließend mit der Fähre oder der Buslinie 241 des RVSOE in den Ortskern auf der anderen Elbseite.

**Beste Zeit:** Ganzjährig begehbar, besonders szenisch im Herbst oder an frostigen Wintertagen für ein authentisches »Grand Budapest Hotel«-Erlebnis.

**Dauer & Strecke:** 1,5 Std., 2,2 km.

**Ausrüstung:** Ein süßes Kuchen-Picknick à la Zuckerbäckerei Mendl.

---

In Deutschland gibt es aktuell nur ca. 185 wild lebende Luchse. Weil er den Kontakt zu Menschen meidet, bekommt man von dem heimlichen Waldbewohner normalerweise nur Spuren zu sehen.

einen Blick auf die Samtpfoten werfen kann, begibt man sich in eine im wahrsten Sinne des Wortes filmreife Kulisse. Über eine Höhe von knapp 52 Metern verbindet der Aufzug seit 1904 Bad Schandau mit der Ostrauer Scheibe. Bei genauerem Hinsehen wundert es kaum, dass Regisseur Wes Anderson den einzigartigen Jugendstil-Bau als Szenenbild für seinen Film »Grand Budapest Hotel« wählte. Besonders im Winter, wenn die eisige Kälte das Gesicht kitzelt, fühlt man sich bei einer Fahrt gleich ein bisschen wie Monsieur Gustave. Oben angekommen, eröffnet sich dann ein großartiger Blick über das Elbtal bis hin zum Lilienstein.

Gleich dahinter, unter dem dichten Blätterdach der Linden, tigern die beiden Luchse durch ihre Gehege und verbringen hier ihren Lebensabend, bevor die Anlage im Sinne des Tierschutzes abgeschafft werden soll. Doch auch unabhängig davon führen ringsherum spannende Wissensstationen zum Luchs durch den Wald und erklären spielerisch, was es beispielsweise mit ihren Pinselohren auf sich hat oder weshalb die größte Katze Europas so streng geschützt werden muss.

Im späten Herbst, wenn die Blätter von den Bäumen gefallen sind, wird der Weg nach unten zu einem riesigen Spaß für alle, die gern mit den Füßen durch tiefes Laub rascheln. Mit der Fähre geht's im Anschluss zurück ans andere Elbufer zum Bahnhof Bad Schandau.

**FAZIT: EIN AUSFLUG FÜR GROßE UND KLEINE ENTDECKER IN DIE WELT DER LUCHSE UND ZU ATMOSPHÄRISCHEN FILMKULISSEN.**

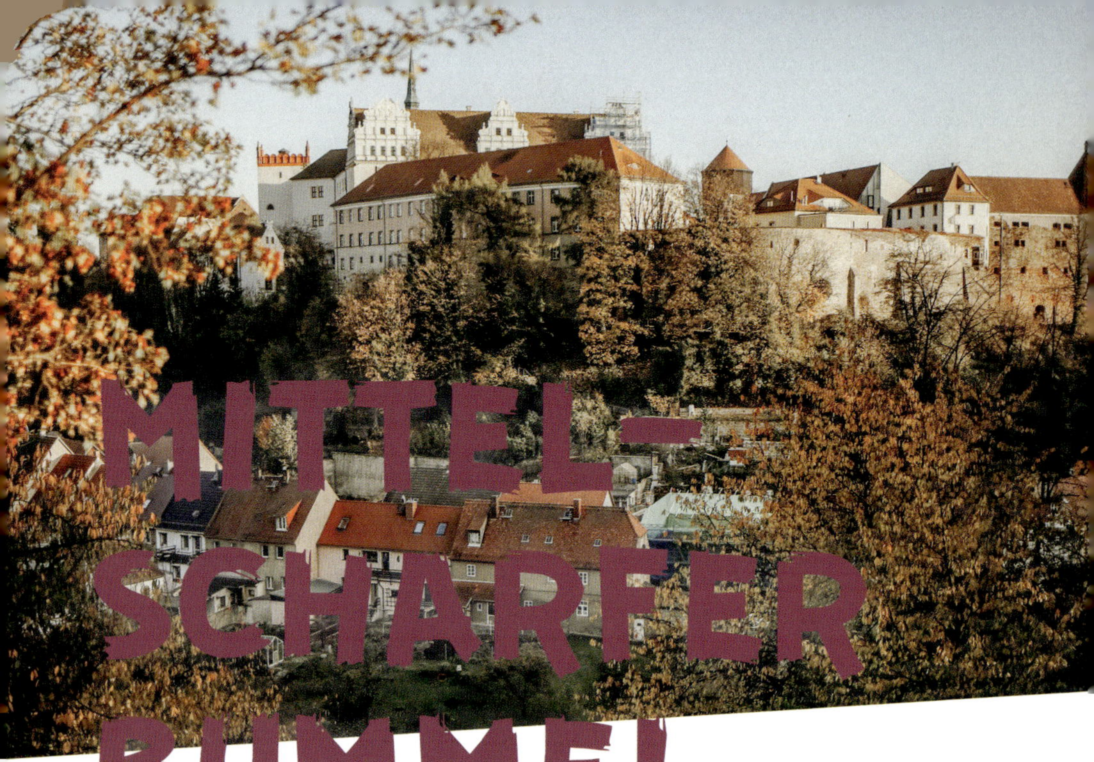

# MITTEL-SCHARFER BUMMEL

... in Bautzens Altstadt

## #13

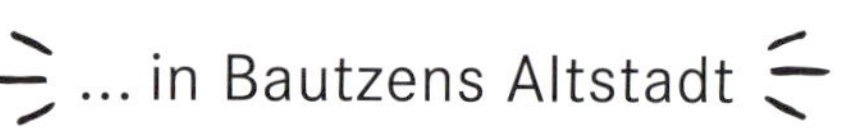

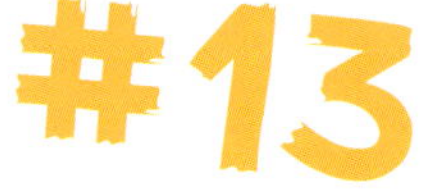

*In Bautzens romantischen Gassen reihen sich die mittelalterlichen Bauten wie Hühner auf der Stange und erzählen die bewegenden Geschichten von Königsparaden, Kriegen, Handel, Stadtbränden und Jubelfeiern. Ein besonderes Highlight ist der Postkartenblick über das Spreetal*



#Romantik #Panoramablick #Budyšin #Senfstadt #bittescharf

Budyšin ist die Hauptstadt der Sorben. Hier gibt es unter anderem Deutschlands einziges bikulturelles Theater.

Die mittelalterliche Altstadt Bautzens (sorb. Budyšin) bezaubert mit dem Flair vergangener Zeiten. Im Jahr 1002 wurde die Stadt – damals noch Budissin genannt – erstmals schriftlich erwähnt. Trotz ihrer Entwicklung ist ihre uralte Geschichte aber auch heute noch erlebbar … gepflasterte Straßen führen zu Kirchen und Türmen, und durchschreitet man erst die Durchgänge in der Stadtmauer, braucht es nicht viel Fantasie, um sich wie ein Ritter oder Burgfräulein zu fühlen.

Um möglichst viel von der malerischen Altstadt zu erleben, beginnt man die Erkundungstour am besten mitten in der Stadt am Hauptmarkt. Gleich über ihm liegt der Dom St. Petri, der mit seinem 83 Meter hohen Turm schon von weit her zu sehen ist. Mit Puste für 234 Stufen lässt sich dieser auch besteigen. Da Bautzen nicht umsonst die Stadt der Türme und Geschichten genannt wird, führt der Spaziergang kurz hinter der Senfstube gleich zum nächsten: dem Matthiasturm. Er sicherte mit einer Zugbrücke einst den einzigen Zugang zur Ortenburg, dem ursprünglichen Zentrum der Stadt.

An der Burg vorbei geht's weiter in Richtung Mühlbastei. Ein Durchgang in der Stadtmauer bereitet den Weg. Im Herbst, wenn sich die Bäume verfärben, ist dieser Abschnitt besonders schön – dann nämlich schreitet man unter bunten Blättern die Treppe an der Stadtmauer hinunter, während sich zwischen ihnen immer wieder ein Blick auf die Burgmauern erhaschen lässt. Von dort genießt man auch zum ersten Mal die freie Sicht ins Spreetal, das Bautzens Westseite wie ein überdimensionaler Burggraben umgibt. Schon jetzt lässt sich erahnen, welches Panorama sich gleich auf der anderen Seite der Hauptspree offenbaren wird.

Um dorthin zu gelangen, spaziert man durch ein romantisches Gässchen hinunter zum

Bautzen ist vor allem für seinen Senf bekannt. Während der jährlichen Senfwochen servieren zahlreiche Lokale besondere Gerichte und ausgefallene Kreationen wie Senf-Eis oder Senf-Cocktails.

»Hexenhäuschen« und über eine steinerne Brücke ans andere Ufer. Nun ist es gar nicht mehr weit bis zum Protschenberg, auf dem die bekannten Panoramabilder der Stadt entstehen. Röhrscheidtbastei, die Alte Wasserkunst, Burg und Dom: All die historischen Bauten liegen aufgereiht wie auf einer Perlenkette über der Spree.

Ein Schlenker über die Hammermühle bringt einen schließlich wieder zurück auf die Altstadtseite des Flusses. Bevor der Spaziergang jedoch am Hauptmarkt endet, lohnt ein letzter Abstecher auf den Nikolaifriedhof mit seinen Ruinen vor dem historischen Nikolaitor – zumindest dann, wenn man sich an dem stillen Charme und der morbiden Romantik erfreuen kann, die alte Friedhöfe zumeist umgeben.

**FAZIT: EIN AUSSICHTSREICHER ALTSTADTSPAZIERGANG MIT POSTKARTEN-ROMANTIK.**

---

**Hin & weg:** Von Dresden/Görlitz kommend mit der RB 60 oder der RE 1 nach Bautzen, anschließend mit der Buslinie 6 des ZVON zur Haltestelle Vor dem Schülertor; Parken bspw. im Parkhaus Centrum.

**Beste Zeit:** Am schönsten im Herbst, wenn das Stadtpanorama von bunten Bäumen umgeben ist.

**Dauer & Strecke:** 1 Std., 3 km.

**Ausrüstung:** Ein Audio-Guide zu Bautzens Altstadt, ausgeliehen an der Tourist-Information am Hauptmarkt.

---

# MOST WANTED

… in Sobrigau

## #14

*Herbstzeit ist Erntezeit. Wenn dann auch noch die goldene Herbstsonne scheint, leuchten die roten Äpfel besonders verlockend. Mehr als zehn verschiedene Sorten kann man auf der riesigen Plantage des Obstguts Dreßler pflücken – immer mit Blick auf die Silhouetten von Lilienstein & Co.*

#Erntezeit #AnAppleADay #Proviant #PflückGlück #VomApfelzumMost

Wie Tausende von Farbtupfern leuchten die roten Äpfel zwischen dem Grün der Blätter. Die Plantage für Selbstpflücker liegt in ländlicher Idylle auf einem Hügel, sodass man bei klarer Sicht die Silhouette von Lilienstein, Königstein und Pfaffenstein erkennt. Schon seit 400 Jahren bewirtschaftet Familie Dreßler das riesige Grundstück. Während die Felder früher mit Getreide und Rüben bestellt waren, wachsen nun seit 1992 verschiedene Apfelsorten. Und was gibt es schon Besseres, als den Wanderproviant gleich selbst zu pflücken?

Baum an Baum stehen Boskoop, Jonagold, Titan, Pinova und viele andere Sorten in un-

---

**Hin & weg:** Kaum mit öffentlichen Verkehrsmitteln zu erreichen; der Parkplatz befindet sich gegenüber der Kasse (Panoramaweg 50, Kreischa).

**Beste Zeit:** Mitte August–Ende Oktober während der Erntezeit (www.obstgut-dressler.de).

**Dauer:** Je nach Appetit 1–2 Std.

**Ausrüstung:** Proviantbeutel, Kleingeld für die Ernte & ggf. Gummistiefel.

---

Naschen erlaubt: Weil die Apfelsorten so unterschiedlich im Geschmack sind, darf man sie hier direkt am Baum probieren.

zähligen Reihen aneinander. Die Wiesen des Obstguts sind so weitläufig, dass man sich beim Pflücken gleich mal warmläuft. Da hier sowohl Sommer-, Herbst- und Winteräpfel stehen, ist es dabei auch ganz egal, wann man während der Saison zum Pflücken vorbeikommt – irgendeine Sorte ist immer reif. Betreiber Albrecht Dreßler schwört jedoch auf seinen Topaz mit seinem ausgewogenen süßsäuerlichen Geschmack. Ihn darf man aber nicht gleich essen, sondern erst ein paar Tage nach der Ernte, wenn sich das süßliche Aroma ausreichend ausgebreitet hat. Der Topaz zählt übrigens zu den regionalen Apfelsorten und kommt ursprünglich aus dem wenige Kilometer entfernten Tschechien. Der Lagerapfel Pilot wurde sogar im Dresdner Raum gezüchtet.

Bevor es jedoch losgeht, erhält man an der Kasse einen speziellen Pflückwagen. Dieser lässt sich leicht über die Wiesen schieben, sodass man die schweren Äpfel nicht die ganze Zeit tragen muss. Auf diese Weise bleiben außerdem beide Hände frei, um die Äpfel auch richtig zu pflücken. Dafür hält man mit einer Hand den Stiel fest, während man mit der anderen die Frucht nach oben »abdreht«. So verhindert man, dass das »Holz« oder die benachbarten Äpfel gleich mit abreißen. Hat man dann genügend gesammelt, wird die Beute an der Kasse gewogen und bezahlt. Die Äpfel, die man zuvor am Baum probiert hat, dürfen getrost vernachlässigt werden.

**FAZIT: EINE KLEINE ALLTAGSFLUCHT IM HERBST UND DIE IDEALE VORBEREITUNG FÜR DAS PICKNICK BEI DER NÄCHSTEN WANDERUNG.**

HAUS DER
TAUSEND
TEICHE

# TAUSEND TEICHE

## … in der Oberlausitzer Heide- und Teichlandschaft

## #15

*Inmitten von Schilf und Wasser erlebt man rund um die Guttauer Teiche die traditionelle Oberlausitzer Karpfenteichwirtschaft. Malerisch angelegte Stege und Uferwege führen nah ans Wasser heran und erlauben einen Blick in den geschützten Lebensraum seltener Arten.*

#KarpfenBlau #petriheil #petridank #blubb

Alternativ zu diesem führt auch ein kürzerer und rollstuhlgeeigneter Lehrpfad durch das Teichgebiet.

Unweit vom Haus der Tausend Teiche führt ein Erlebnispfad auf schmalen Wegen mitten hinein in die Teichlandschaft des UNESCO-Biosphärenreservats. Mit etwas Glück und scharfem Auge lassen sich von den Holzstegen an den Guttauer Teichen nicht nur die Karpfen, sondern auch zahlreiche andere und teilweise bedrohte Tiere wie Fischotter, Rotbauchunken oder Seeadler entdecken.

Folgt man dem Inselsteg zwischen Altdubin- und Schiedesteich, kommt man so nah ans Ufer heran, dass sich typische, aber auch seltene Teichpflanzen aus nächster Nähe betrachten lassen. Zwischen Juni und August sprenkeln beispielsweise die gelben Blüten des Kleinen Wasserschlauchs die Uferbereiche. Bei genauerem Hinsehen erkennt man sogar die blasenartigen Schläuche, mit denen die Pflanzen kleine Wassertiere einfangen, um sich so mit Nährstoffen zu versorgen. Am Großteich bietet ein Aussichtsturm einen spannenden Perspektivwechsel. Einmal über die Leiter hochgeklettert, kann der Blick zu beiden Seite über das Wasser und den Himmel schweifen. Da sich in diesem Sichtfeld beliebte Brut- und Rastplätze zahlreicher Vögel befinden, ist die Chance groß, hier einen Haubentaucher, Reiher, Kraniche, Rot- und Schwarzmilane oder sogar einen Seeadler zu sichten – um nur einige der 90 Vogelarten zu nennen, die im Biosphärenreservat leben.

Während der gesamten Wanderung begleiten zusätzlich 30 Wissensstationen die Entdeckungstour. Beim Fühlen, Riechen, Schauen, Spielen und Klettern erfährt man interessante Informationen zur Flora und Fauna des Gebiets, der traditionellen Karpfenzucht und wie sich diese hier im Einklang mit der Natur vollziehen lässt.

Vom Dorfteich müssen ein paar Hundert Meter neben der Straße überwunden werden.

---

**Hin & weg:** Von Bautzen kommend mit der Buslinie 106 des ZVON zur Haltestelle Wartha bei Bautzen; Parken am Haus der Tausend Teiche (Warthaer Dorfstraße 29, Malschwitz).

**Beste Zeit:** Ganzjährig begehbar, am (kulinarisch) interessantesten im Herbst während der Lausitzer Fischwochen.

**Dauer & Strecke:** Mit Halt an den verschiedenen Stationen gut 3 Std., 7 km.

**Ausrüstung:** Ein Fernglas für Tierbeobachtungen.

---

Zwei Mal im Jahr, im Frühling und im Herbst, wird in Wartha ein großer Naturmarkt mit Handwerksvorführungen, sorbischer Musik und Tänzen veranstaltet.

Danach jedoch führt der Weg über grüne Wiesen in Richtung Olbasee. An der ehemaligen Tongrube genießt man dabei auch nochmal einen tollen Blick über den Teich Guttau Nord. Zurück in Wartha (sorb. Stróża) lohnt ein Besuch im Haus der Tausend Teiche (www.haus-der-tausend-teiche.de). Eine interaktive Dauerausstellung, die virtuelle Karpfenküche und das große Aquarium geben einen zusätzlichen Einblick in die jahrhundertealte Tradition der Teichwirtschaft in dem heutigen UNESCO-Schutzgebiet. Der hauseigene Imbiss lädt ein, den Karpfen selbst zu probieren.

**FAZIT: BUTTER BEI DIE FISCHE! IM HERBST FINDET DIE REGIONALE KARPFENTEICH-WIRTSCHAFT IHREN KULINARISCHEN HÖHEPUNKT.**

# SCHWERST-ARBEIT

… in den Königshainer Bergen

*200 Jahre lang wurde in den Königshainer Bergen Granit gebrochen. Heute führt ein Lehrpfad durch den Wald an die tiefblauen, klaren Seen der Steinbrüche, und überall lassen sich die Relikte des ehemaligen Bergbaus entdecken.*

#Industriekultur #StilleWasser #VergesseneOrte #Steinbruch

Rund um die Steinbrüche finden sich noch viele Überbleibsel aus der Zeit des Granitabbaus.

Als hätte man sie einfach vergessen, stehen eine rostige blaue Lok und rote Holzwaggons inmitten des hochgewachsenen Grases. Hier,

am alten Bahnhof Königshain-Hochstein, beginnt die Tour rund um den ehemaligen Granitbruch. Wo zwischen 1844 und 1975 das Schlagen des Gesteins und das Kreischen und Brummen der Maschinen die Atmosphäre erfüllten, liegt der Wald heute als Landschaftsschutzgebiet in romantischer Stille. Der Weg führt zunächst an einer Kuhweide entlang zum größten freistehenden Felsen der Königshainer Berge – dem Firstenstein. Unter seiner Bruchwand schimmert blau und klar das 15 Meter tiefe Wasserbecken.

Da Granit in der Oberlausitz weit verbreitet ist, besaßen viele Bauernfamilien kleine Brüche, in denen sie den Stein für Scheunen und Ställe gewannen. Die Königshainer Berge jedoch waren für Größeres bestimmt. Weil sich der hiesige Granit so gut verarbeiten ließ, wurde er unter anderem für den Bau des Neißeviadukts, den Sockel des Leuchtturms von Kap Arkona und die Pflastersteine des Münchner Olympiaparks verwendet. Die alten Maschinen am Lehrpfad vermitteln eine kleine Ahnung, wie der Granitabbau damals funktionierte.

Mindestens genauso spannend wie die Steinbruchlandschaft selbst sind aber auch die umliegenden Felsen. Ein kleiner Abstecher von der Rundtour führt in wenigen Minuten hinauf zum Hochstein und zur Hochsteinbaude. Gleich daneben befindet sich der 22 Meter hohe Aussichtsturm, von dem aus man einen

Ursprünglich standen an diesem Ort etwa einhundert 25 Meter hohe Felstürme aus Granit. Ein Großteil von ihnen wurde abgebaut, sodass man heute nur noch die Reste sieht.

tollen Blick bis zum Kämpferberge hat. Wenig weiter erreicht man den Totenstein, der ebenfalls vom Granitabbau verschont blieb. Während der Ur- und Frühgeschichte diente er als Kultplatz und ist heute bekannter Fundort zahlreicher Zeugnisse wie Keramikscherben, Schmuckresten und Pfeilspitzen. Die ältesten Funde vom Totenstein stammen aus der mittleren Bronzezeit und sind mehr als 3000 Jahre alt! Nach einem letzten Blick auf das schimmernde Wasser des Thadenbruchs geht's am Feld entlang zurück zum Bahnhof. Spätestens jetzt, nachdem man die Ausmaße des alten Granitbruchs erlebt hat, lohnt sich ein Besuch des Granitabbaumuseums, um sich besser vorstellen zu können, wie die Arbeits- und Lebensbedingungen der Steinarbeiter damals ausgesehen haben (www.museum-oberlausitz.de).

---

**Hin & weg:** Von Görlitz kommend mit der Buslinie 145 des ZVON zur Haltestelle Königshain Oberdorf; Parken auf dem Wanderparkplatz am alten Bahnhof Königshain-Hochstein.

**Beste Zeit:** Ganzjährig begehbar, am schönsten im Herbst, wenn sich die bunten Bäume im Wasser spiegeln.

**Dauer & Strecke:** 1,5 Std., 5 km, mit Museumsbesuch gut 3 Std.

**Ausrüstung:** Eine Kamera für Fotos von den ausgeprägten Wasserspiegelungen.

---

**FAZIT: EIN SPANNENDER AUSFLUG IN DIE INDUSTRIEGESCHICHTE SACHSENS MIT EINEM HAUCH LOST-PLACE-ROMANTIK.**

# IN HERKULES´ HIMMELSREICH

… zu den Felsentürmen im Bielatal

*Lust auf ein Abenteuer? Im Bielatal kraxelt man inmitten einzigartiger Gesteinsformationen durch enge Felsspalten und hinauf zu schwindelerregenden Aussichten – ideal vor allem für kleine Wanderer, die nicht weit laufen, aber viel erleben wollen!*



#Herkulessäule #klettern #Winterwunderland #Luftschloss

Dieser Teil der Sächsischen Schweiz ist sehr viel weniger besucht als der rechtselbische.

Wenn in Bad Schandau beim ersten Schnee oft noch kein Flöckchen liegen bleibt, verwandeln sich die höher gelegenen Orte Rosenthal und Bielatal nicht selten schon in ein Winterwunderland. Gleich drei Felsformationen – darunter auch die einzigartigen Felsnadeln des Bielatals – liegen in unmittelbarer Nähe rund um den Wanderparkplatz an der Schweizermühle. Jede von ihnen verspricht dabei ein echtes Abenteuer! Vom Ausgangspunkt trennt einen nur ein kurzer Zustieg zum gemütlichen Forstweg in Richtung Sachsenstein. Hier tauscht man die romantische Schlenderei jedoch sogleich gegen einen der aufregendsten Aufstiege, die die Sächsische Schweiz zu bieten hat. Über eine schmale Leiter klettert man senkrecht durch einen Kamin auf den oberen Teil des Felsens. Dieser Spalt ist tatsächlich so eng, dass man selbst kleine Tagesrucksäcke am besten unten stehen lässt.

Nicht minder spannend geht's nur wenige Hundert Meter weiter an der Johanniswacht zu. Statt bergauf tastet man sich jedoch

steil durch Felsengassen zwischen Fritziturm und Mauerblümchen bergab. Allen großen Wanderern sei dabei geraten, den Kopf rechtzeitig einzuziehen.

Den Rückweg beschreitet man anschließend hoffentlich ohne Kopfschmerzen auf der gegenüberliegenden Talseite, wo man nun auch das Himmelsreich des Herkules betritt. Bizarr ragen hier die Kleine und Große Herkulessäule neben anderen Felsnadeln bis zu 35 Meter hoch aus ihren Felssockeln hervor. Ihren Namen erhielten sie in Anlehnung an die antike Bezeichnung der beiden Berge, die beidseitig der Straße von Gibraltar liegen. Trotz ihrer fragilen Erscheinung sind die Säulen beliebte Kletterfelsen mit mehr als 15 Routen in den Schwierigkeitsbereichen IV bis VIIIb – und wer weiß, vielleicht kann man ja sogar Pegasus entdecken, wenn man erst einmal auf ihren Gipfeln steht. Bevor die kurze Wanderung endet, genießt man von der Kaiser-Wilhelm-Feste einen letzten Ausblick ins verschneite

---

**Hin & weg:** Von Pirna kommend mit der Buslinie 245 des RVSOE zur Haltestelle Bielatal, Brausenstein (1,2 km vom Startpunkt entfernt); Parken an der Schweizermühle 9, Rosenthal-Bielatal.

**Beste Zeit:** Ganzjährig begehbar, besonders romantisch im Winter, wenn das Bielatal unter einer Schneedecke liegt.

**Strecke & Dauer:** 2 Std., 4,2 km, mit allen Aussichten ein halber Tag.

**Ausrüstung:** Spikes bei Schnee und Eis; auszuleihen im Aktivzentrum Bad Schandau (bad-schandau.de/serviceleistungen/rad-outdoorverleih).

---

Mit seinen 239 Gipfeln ist das Bielatal das größte Klettergebiet der Sächsischen Schweiz. Dank einer Vielzahl leichter Wege ist es deshalb auch besonders bei Einsteigern und Familien beliebt.

Tal. Auch wenn es vielleicht so aussehen mag, diente sie nicht als Verteidigungsanlage, sondern wurde 1880 laut Überlieferung infolge einer bierseligen Stammtischwette erbaut. Wie viele Humpen es wohl gebraucht hat, um eine solche Wette abzuschließen!?

Tipp: Da Sachsenstein, Johanniswacht und Herkulessäulen nur wenige Hundert Meter von den Parkplätzen an der Schweizermühle beziehungsweise Ottomühle entfernt liegen, eignet sich diese Runde auch ideal für einen aussichtsreichen Sonnenaufgang ohne lange Zustiege im Dunkeln.

**FAZIT: EINE WINTERWANDERUNG FÜR ABENTEURER! DOCH AUCH TRITTSICHERE WANDERER SOLLTEN BEI GLÄTTE UNBEDINGT SPIKES ANLEGEN.**

# Glück auf

## … im Marie Louise Stolln in Berggießhübel

**#18**

*Dunkelheit, Nässe, das Hämmern von Schlegel und Eisen … kaum vorstellbar, wie der Alltag der Bergleute ausgesehen haben muss. Im Marie Louise Stolln fährt man (fast) wie ein echter Bergmann ein und erlebt hautnah die Arbeitsatmosphäre im Bergwerk, heute jedoch mit szenischer Beleuchtung.*

#untertage #finsterwieimBärenpo #Berggeist #derSteigerkommt

Wie auch im angrenzenden Erzgebirge wurde in Berggießhübel seit dem Mittelalter Bergbau betrieben. Die ältesten Relikte beweisen, dass schon im frühen 13. Jahrhundert in der Pirnaer Burglehnhütte erste Schmelzversuche mit Erzen aus Gottleuba unternommen wurden. Durch das hohe Vorkommen an Eisen-, Silber-, Zinn- und Kupfererzen war es also nur eine Frage der Zeit, bis auch in dieser Region zahlreiche Bergwerke entstanden. Eines dieser Bergwerke, der Marie Louise Stolln, lässt sich heute noch besichtigen und gibt einen eindrucksvollen Einblick in die schwere körperliche Arbeit, die die Bergleute täglich mit Schlägel und Eisen verrichteten.

Betritt man den mannshohen Gang, der hier 400 Meter tief in den Berg führt, ist es kaum vorstellbar, dass jeder Bergmann bei acht Stunden unerbittlichem Hämmern gerade einmal 3 bis 4 Zentimeter Vortrieb pro Tag schaffen konnte. Umso beeindruckender ist vor allem das große Mutter Gottes Lager, von dem aus sich auch der unterirdische See besichtigen lässt. Grün und blau funkelt das

In der Adventszeit lädt das Besucherbergwerk zu weihnachtlichen Mettenschichten ein und erinnert damit an die alte bergmännische Tradition.

Wasser im Licht der Scheinwerfer und ist dabei so klar, dass jeder einzelne Stein am Boden zu erkennen ist. Um dorthin zu gelangen, geht es gemeinsam mit dem Bergwerksführer durch schmale Gänge, die teilweise sogar unverändert den alten Bergbau dokumentieren. Wer aufmerksam läuft, wird dabei die leichte Steigung bemerken, die man anlegte, um über den Stollen das Grundwasser aus den tiefer liegenden Bereichen nach draußen zu leiten. Später, ab 1875, ersetzten zunehmend Bohrmaschinen und Dynamit die antiquierten Schlagwerkzeuge. Somit konnte wesentlich mehr Eisenerz abgebaut werden als zuvor. Gegen Ende des Jahrhunderts betrug die jährliche Förderleistung nun in etwa 14 000 Tonnen – knapp 20 Mal so viel wie noch im 16. Jahrhundert. Wer sehen möchte, wie das Eisenerz aus dem Marie Louise Stolln unter anderem verwendet wurde, macht bei Gelegenheit einen Spaziergang über das Blaue Wunder in Dresden.

Hin & weg: Von Pirna kommend mit den Buslinien 216 und 219 des RVSOE zur Haltestelle Berggießhübel, Kurhaus; Parken gegenüber des Bergwerks (Talstraße 2a, Berggießhübel).

Beste Zeit: Ganzjährig geöffnet, ideal im Winter, wenn man ohnehin schon warme Sachen trägt; Zutritt ab 5 Jahren.

Dauer: 1,5 Std. für die reguläre Führung.

Ausrüstung: Warme Sachen und geschlossene Schuhe, da im Stollen konstant 10 °C herrschen.

**FAZIT: EIN SPANNENDER AUSFLUG – NICHT NUR BEI REGENWETTER. SOLLTE ABER TATSÄCHLICH SCHLECHTES WETTER SEIN, IST ES RATSAM, SICH VORAB ANZUMELDEN.**

# BAHNE FREI, KARTOFFEL-BREI!

… Rodeln in Altendorf bei Sebnitz

*Rodeln ist nur etwas für Kinder? Pustekuchen! Links und rechts des Buttermilchmühlenwegs in Altendorf saust man im Affenzahn die Hänge hinab. Eltern dürfen sich dabei entspannen, denn weit und breit ist keine Straße in Sicht.*

#Schlittenfahrt #Neuschnee #Winterspaß #Schneeballschlacht

Nicht vergessen: Eine Thermoskanne mit heißem Tee wärmt eingefrorene Hände und verlängert das Winterabenteuer!

Mit den ersten Flocken kommt nicht selten die Vorfreude auf romantische Schlittenfahrten. Doch die Suche nach dem geeigneten Hang ist oft gar nicht so leicht ... Ist an dem einen die Straße zu nah, ist die nächste Abfahrt einfach zu kurz für echten Rodelspaß oder die Fläche so voll, dass man mehr Menschen als Schnee zu sehen bekommt. Der Rodelhang im Sebnitzer Ortsteil Altendorf hingegen hält, was die Vorstellung sich wünscht. Etwa 500 Meter entfernt vom Parkplatz Heiterer Blick liegen die hügeligen Wiesen rund um den Mühlenweg. Die verschneiten Wälder ringsum komplettieren die Winterromantik.

Während die Hügel zur Linken eher flach und damit auch bestens geeignet für die allerkleinsten Rodler sind, geht's rechter Hand hinter den eingezäunten Agrarflächen rasant den steilen Hang hinab. In beiden Fällen muss man sich keine Sorgen machen, denn weder Straßen noch Bäume könnten hier ungewollt die Fahrt beenden. Nur genügend Puste braucht es für dieses Winterabenteuer. Denn gäbe es hier einen Rodellift oder gar eine präparierte Piste, wäre der Hang bestimmt nicht mehr der Geheimtipp, der er ist.

Ist die Puste jedoch endgültig alle, verschnauft man am besten bei einem kleinen Spaziergang ins Sebnitztal. Nur etwa einen Kilometer vom Rodelhang entfernt trifft der Mühlenweg auf die plätschernde Sebnitz. Wer neugierig ist, überquert auch noch den Fluss und sucht links des Wegs nach den letzten Mauerresten der mittelalterlichen Burg Schwarzberg. Wie viele Burgen der Region wurde auch sie vor allem als Raubschloss bekannt, nachdem sie

vielerlei Raubgesellen als Unterschlupf diente. Bis heute ranken sich daher noch immer gruselige Sagen um diesen Ort.

**FAZIT: RODELSPAẞ GANZ OHNE SCHNICK-SCHNACK WIE LIFT UND PISTENRAUPE. AUF DIE SCHLITTEN, FERTIG, LOS!**

---

Hin & weg: Von Bad Schandau kommend mit der Buslinie 260 des RVSOE zur Haltestelle Erbgericht; Parken in Altendorf an der Sebnitzer Straße auf dem Parkplatz Heiterer Blick.

Beste Zeit: Sobald genügend Schnee die Wiesen bedeckt.

Dauer: Je nach Durchhaltevermögen 1-3 Std.

Ausrüstung: Schlitten, Schneehose, Thermoskanne.

---

# WO DIE KUH IM HIMMEL MUHT

... mit der Kirnitzschtalbahn zum Kuhstall

*Die Fahrt mit der quietschgelben Kirnitzschtalbahn zählt sozusagen zum touristischen Pflichtprogramm der Sächsischen Schweiz. Umso schöner, dass sich das nostalgische Erlebnis gleich mit einer Tour zum Lichtenhainer Wasserfall und zum zweitgrößten Felsentor des Elbsandsteingebirges verbinden lässt.*

#Himmelsleiter #hochhinaus #Weitblick #Felsentor #Waffelbäckerei

→ ABSTECHER

Das Kirnitzschtal zählt zu den schönsten Tälern und Wanderrevieren der Sächsischen Schweiz.

Als die Sächsische Schweiz Ende des 19. Jahrhunderts ihren ersten großen Aufschwung als Sommerfrische erlebte, wurden erste Pläne für eine Schienenbahn ins Kirnitzschtal laut – nur den nötigen Strom gab es noch nicht. Deshalb baute man eigens ein Kraftwerk, sodass noch vor der Jahrhundertwende die erste Ausflugsbahn von Bad Schandau zum Lichtenhainer Wasserfall fuhr.

Auch wenn heute wegen eines Großbrands in der Wagenhalle leider nicht mehr die offenen Sommerwagen fahren, so ist die Fahrt noch immer ein romantisches Erlebnis (www.ovps.de/Verkehrsmittel/Kirnitzschtalbahn/443).

Knapp 25 herrliche Minuten rattert die Bahn vom Kurpark in Bad Schandau durch das malerische Kirnitzschtal, bis sie am Lichtenhainer Wasserfall ihre Endhaltestelle erreicht. Auch im Sommer hat dieser einen ganz besonderen Reiz, wenn der Wasserfallzieher alle halbe Stunde das Wehr öffnet und sich ein neuer Schwall als größter sächsischer Wasserfall über den Fels ergießt. Im Winter allerdings, wenn der Schnee Stille in die Landschaft bringt, wird es auch an dem beliebten Ausflugsziel ruhig. Dann steht das Wehr dauerhaft offen, sodass vielleicht der große Schwall ausbleibt, dafür aber jede Menge Eiszapfen den Stein bedecken.

Ist man einmal an dieser Stelle des Tals, ist der kurze Aufstieg zum Kuhstall fast obligatorisch. In 30 Minuten geht es hinauf zum zweitgrößten Felsentor des Elbsandsteingebirges. Da die Wege einfach begehbar sind, eignen sie sich hervorragend als Winterwandertour, zumal am Gasthaus bereits heiße Getränke bereitstehen, um fröstelnde Wanderer zu wärmen (www.berggast.de/kuhstall). Wahrscheinlich wird man die kalten Finger aber so-

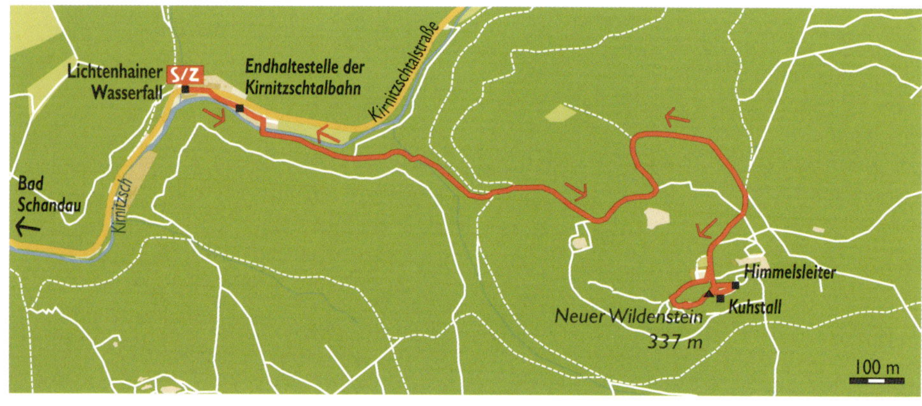

Ist genügend Schnee vom Himmel gekommen, kann man die Wanderung sogar mit Tourenski oder dem Schlitten gehen. Beide Varianten garantieren einen spaßigen Rückweg.

wieso vergessen, wenn man erst einmal das gigantische Felsentor mit der dahinterliegenden Aussicht erblickt: Elf Meter ist der Bogen breit und 17 Meter hoch – größer ist nur noch das Prebischtor auf tschechischer Seite.

An trockenen Tagen locken am Kuhstall außerdem der spektakuläre Aufstieg über die enge Himmelsleiter und der Ausblick vom Neuen Wildenstein, dem einstmaligen Standort der gleichnamigen Burg. Die Räuber, die hier hausten, waren es schließlich auch, die dem Kuhstall ihren Namen gaben, da sie dort mangels richtiger Ställe ihr Vieh unterbrachten. Da die Himmelsleiter als Einbahnstraße funktioniert, geht's gleich nebenan über einen anderen, weniger steilen Abstieg wieder bergab. Zum Wasserfall zurück folgt man dann dem gleichen Weg wie schon bergauf.

**FAZIT: EISZAPFEN, SCHNEE UND ANSCHLIEßEND HEIßE WAFFELN – DIESE WINTERWANDERUNG KOMMT DIREKT AUS DEM BILDERBUCH!**

---

**Hin & weg:** Von Dresden kommend mit der S1 zum Bahnhof Bad Schandau, anschließend mit Fähre zum Ortskern; parken am Elbkai, An der Elbe 12, Bad Schandau.

**Beste Zeit:** Besonders schön als Winterwanderung, die Himmelsleiter empfiehlt sich nur bei trockenem Wetter.

**Dauer & Strecke:** Reine Gehzeit 1 Std. für 3 km, mit Fahrt in der Kirnitzschtalbahn, Wasserfall & Himmelsleiter wird daraus locker ein Erlebnis für einen halben Tag.

**Ausrüstung:** Bei genügend Schnee einen Rodel für den Rückweg.

---

# 2. KAPITEL
# AUSFLÜGE

GARTEN-
ROMANTIK
PUR!

#27

#29

#22

#30

#38

#36

#33

#34

#41

#32

#42

#21

#25

#35

#26

#24

#39

#28

#40

#23

#31

#37

WIE FRÜHER
BEI OMA

HIER SCHIEßT
DAS ADRENALIN

# Raus für einen Tag

*Genussbummler oder wilder Entdecker? Beim Wandern, Kraxeln, Klettern, Rodeln, Baden und Radeln finden alle zu jeder Jahreszeit ihr persönliches Abenteuer.*

# 12H

# IM REICH DER EISKÖNIGIN

## #21

*Wenn überall der Schnee schon längst geschmolzen ist, herrscht in den Tiefen des Uttewalder Grundes noch kalter Winter. Nur langsam bringt die Sonne ihre Wärme in das schmale Tal – so langsam, dass man hier dem Frühling buchstäblich in Zeitlupe beim Erwachen zusehen kann.*

#Eiswelten #Höhlenforschung #SonneversusWinter

Weil nur wenig Sonne die Talsohle erreicht, herrscht im Uttwalder Grund ein schattig-kühles Klima im Sommer und ein mildes im Winter. Die Temperaturunterschiede zwischen Tag und Nacht sind vergleichsweise gering.

Es mag widersprüchlich erscheinen, sich ausgerechnet an den ersten warmen Tagen des Jahres an einen Ort zu begeben, der die Kälte des Winters so beharrlich in sich gefangen hält, als wolle er ihn für immer vor der Sonne bewahren. Doch es ist gerade das tiefe schmale Tal des Uttewalder Grundes, in dem sich die kostbaren Momente des jährlichen Wandels allen Augen offenbaren.

Am offensichtlichsten sind die schmelzenden Eiszapfen, die sich links und rechts des Pfades mit letzter Kraft an die steilen Felswände klammern. Einen besonderen Blick verdient jedoch auch das vermeintlich ausgetrocknete Bett des Grundbachs. Dieser Bach, kaum als solcher zu erkennen, führt eigentlich kein Wasser. Lediglich die Schneeschmelze bringt jedes Jahr ein wenig mit sich – gerade so viel, dass seine Oberfläche gefrieren kann, bevor der Bach kurze Zeit später wieder versiegt. Zurück bleiben wundersame zarte Eisgebilde, manche wie Decken, gegen die von unten die ersten zarten Pflänzchen kämpfen, andere spitz und bizarr, die nächsten geformt von sanften Wellen.

---

**Hin & weg:** Parken am Wanderparkplatz in Uttewalde; nutzt man die öffentlichen Verkehrsmittel, beginnt man die Rundtour besser ab Wehlen, erreichbar von Dresden kommend mit der S1.

**Beste Zeit:** An den ersten warmen Frühlingstagen, wenn im Tal noch die Kälte des Winters liegt.

**Dauer & Strecke:** 3,5 Std., 10 km, mit Aufenthalt in Wehlen etwa 5 Std.

**Ausrüstung:** Eine Lupe für die Details der Eisgebilde und eine Taschenlampe für die Heringshöhle.

---

Neben anderen bekannten Felslandschaften malte Caspar David Friedrich auch das Uttewalder Felsentor.

Knapp zwei Kilometer folgt man dem Bach, vorbei am Gasthaus Waldidylle und unter dem Uttewalder Felsentor hindurch, bevor der Weg einen Abstecher in die Teufelsschlüchte macht. Was folgt, ist eine kurze, aber abenteuerliche Kraxelei auf Stiegen und schmalen Pfaden durch die eng stehenden Felsen.

Dabei sollte man auf keinen Fall den Eingang zur Heringshöhle verpassen. Ausgestattet mit einer Taschenlampe, klettert man hier einige Meter geduckt durch die Dunkelheit des Gesteins. Um anschließend die kalten Finger zu wärmen, verlässt man das Tal und tauscht es gegen helle Wiesenwege in Richtung Wehlen. Wer mag, unterbricht hier die Wanderung für einen Besuch der Burgruine oder ein Picknick an den Elbwiesen.

Hinterher führt eine steile Felstreppe aus Wehlen hinaus zu einem Aussichtspunkt, der einen beeindruckenden Blick über die Elbe verspricht. Höllen- und Kohlgrund bringen einen dann durch duftenden Kiefernwald auf den Kleinen Sandberg und schließlich mit einem letzten Blick in den Uttewalder Grund zurück zum Parkplatz.

**FAZIT: DER ZAUBER STECKT IM DETAIL. GENAUES HINSEHEN OFFENBART AN DEN ERSTEN FRÜHLINGSTAGEN DIE WUNDERSAME WELT DES WANDELS.**

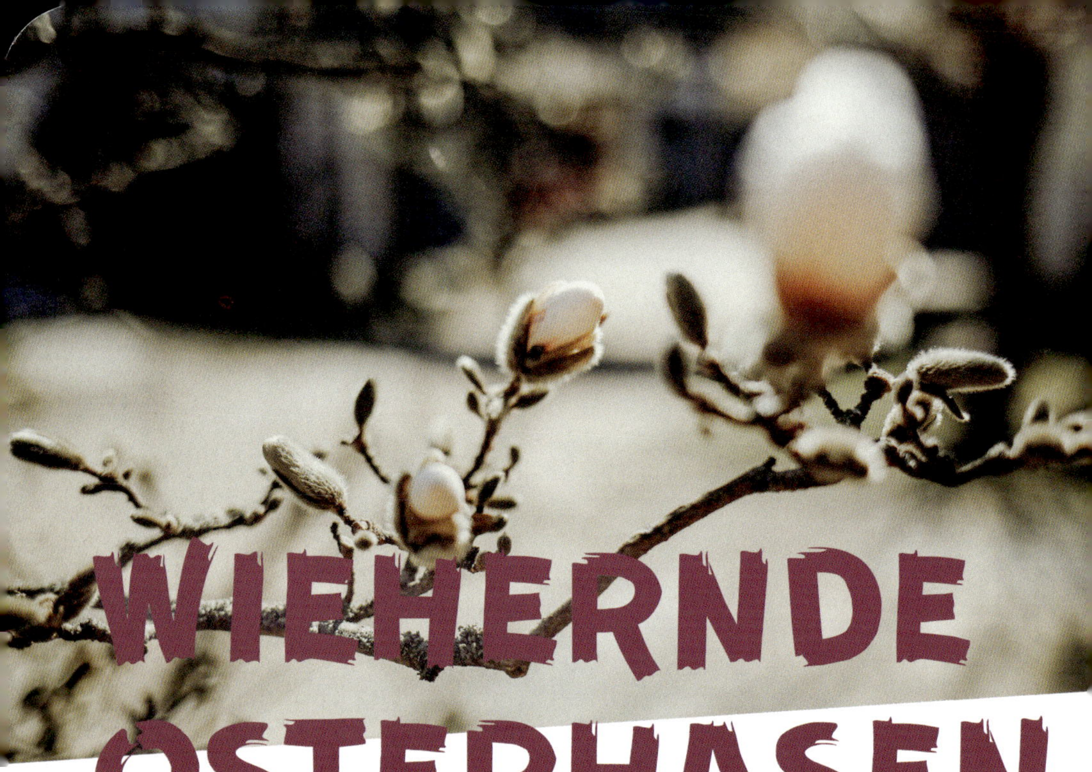

# WIEHERNDE OSTERHASEN

## … bei den sorbischen Osterritten

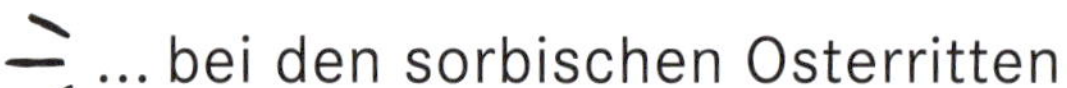

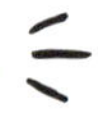

# #22

*Hunderte Reiter, die mit geschmückten Pferden singend um die Felder ziehen – die Osterritte zählen zu den eindrucksvollsten Traditionen der Sorben. Auf dieser Radtour begleitet man die Reiter am Ostersonntag von Ort zu Ort und erkundet dabei die Sehenswürdigkeiten der sorbischen Kulturlandschaft.*

#Tradition #Sorben #Religion #mehralsbunteOstereier #WjesołeJutry

Die Osterreiter tragen singend die Botschaft der Auferstehung Christi in die Nachbargemeinde.

Ostern – das wichtigste Fest im christlichen Kalender. Doch bestimmt niemand feiert es hierzulande so üppig und mit so vielfältigen Traditionen wie die Sorben. Sei es das Verzieren der berühmten sorbischen Ostereier, das Osterwasserschöpfen am Sonntagmorgen oder das Waleien, bei dem die Kinder auf Wiesen um Eier, Nüsse und Apfelsinen spielen.

Am eindrucksvollsten erlebt man das Fest als Gast jedoch am Ostersonntag, wenn zwischen den einzelnen Ortschaften Hunderte von Osterreitern laut singend um die Felder ziehen. In nahezu allen sorbisch-katholischen Gemeinden putzen die Reiter hierfür ihre Pferde mit edlen Geschirren und Blumen heraus, ehe sie sich an der Kirche sammeln und gemeinschaftlich ihren sogenannten Prozessionsritt in die jeweilige Nachbargemeinde beginnen. Dort angekommen, werden sie bewirtet und kehren anschließend am späten Nachmittag zurück.

Ein ganz besonderer Ort, um dieses Spektakel zu erleben, ist das Kloster St. Marienstern (www.marienstern.de) in Panschwitz-Kuckau

(sorb. Pančicy-Kukow) – Start und Ziel der Radtour durch das sorbische Kernsiedlungsgebiet. Auf Rad- und Feldwegen und wenig befahrenen Straßen führt die Tour von Ortschaft zu Ortschaft. Wer aufmerksam schaut, wird dabei schnell bemerken, warum die Oberlausitz auch das »Land der 1000 Kreuze« genannt wird. Gol-

---

**Hin & weg:** Von Bautzen/Kamenz kommend mit der Buslinie 102 des ZVON zur Haltestelle Panschwitz-Kuckau; Parken auf dem Wanderparkplatz am Ortseingang von Panschwitz-Kuckau.

**Beste Zeit:** Am Ostersonntag, wenn die Prozessionsritte stattfinden.

**Dauer & Strecke:** 3 Std. reine Fahrzeit für 35 km, mit Wartezeit für die Osterreiter und Sehenswürdigkeiten mind. 5 Std.

**Ausrüstung:** Ein Picknick für unterwegs.

---

Die weißen Holzkreuze auf dem denkmalgeschützten Friedhof von Ralbitz symbolisieren die Gleichheit aller Menschen vor Gott. Über 150 Jahre wurden die Grabkreuze auf diese Weise gestaltet.

den glänzen viele Kruzifixe in den Straßen wie ein Sinnbild für die lebendige Glaubenskultur des westslawischen Volkes. Zwischendurch ergeben sich immer wieder Möglichkeiten, um den Osterreitern zu begegnen. Neben Panschwitz-Kuckau sind auch Nebelschütz (sorb. Njebjelčicy), Ralbitz (sorb. Ralbicy) und Crostwitz (sorb. Chróśćicy) Start und Ziel verschiedener Reiterzüge (www.sorben.org).

Doch auch unabhängig von den Reitern liegen viele interessante Orte am Weg – beispielsweise die malerische Teichlandschaft vor Deutschbaselitz (sorb. Němske Pazlicy), die Wallfahrtskirche in Rosenthal (sorb. Róžant), der Lasker Auenwald (beschrieben in Eskapade #1) und der denkmalgeschützte Friedhof von Ralbitz mit seinen 300 weißen Kreuzen. Das Bild der lieblichen Dorflandschaft komplettieren an diesen Tagen die Wiesen mit den ersten bunten Blüten des Jahres und den niedlichen Osterlämmchen. Da es unterwegs keine Möglichkeit zur Einkehr, dafür aber jede Menge romantischer Picknickplätze gibt, packt man am besten eine Decke ein und genießt ein Essen an der frischen Luft. So vergeht auch genügend Zeit, um am späten Nachmittag im Licht der tiefstehenden Sonne ein letztes Mal die Osterreiter zwischen Crostwitz und Panschwitz-Kuckau bei ihrer Heimkehr zu beobachten.

**FAZIT: DIE VIELLEICHT EINDRUCKSVOLLSTE MÖGLICHKEIT, DIE TRADITIONEN DER SORBEN KENNENZULERNEN.**

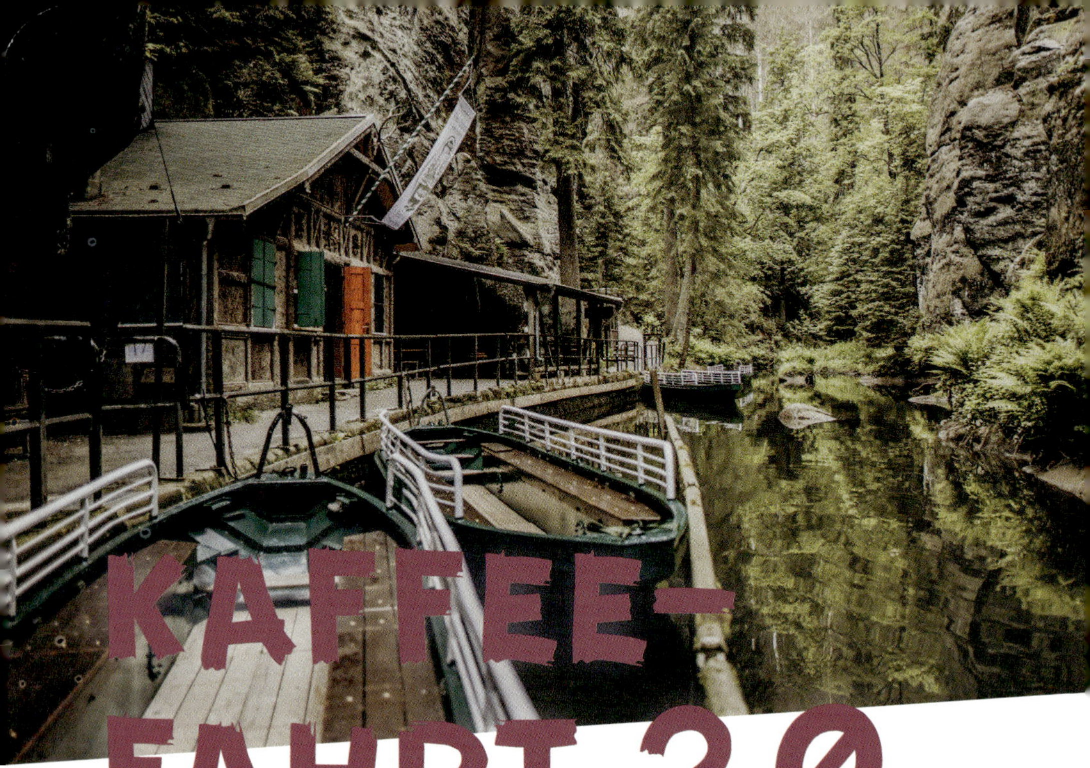

# KAFFEE-FAHRT 2.0

## … durch die Kirnitzschtalklamm

# #23

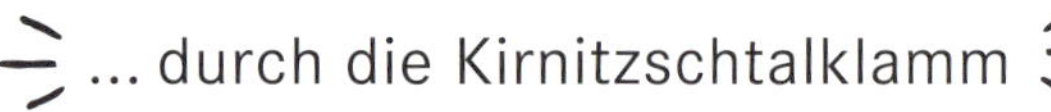

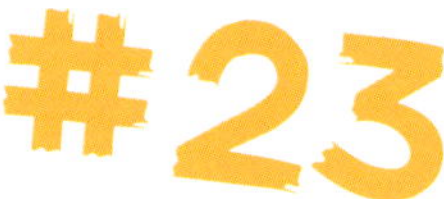

*Was gehört eigentlich zum klassischen Sonntagsausflug? Richtig: eine Wanderung durch die Natur, gutes Essen und Getränke und im Idealfall sogar eine kleine Ausfahrt. Im Kirnitzschtal gibt es gleich alles davon – inklusive einer Kahnfahrt durch die magische Klamm.*

 #Kahnfahrt #Grenzgänger #Buttermilchplinsen #Sonntagsausflug #Eierlikör

Die Kirnitzsch markiert die Grenze zwischen Tschechien und Deutschland.

Ein wenig erinnert der Weg vom Wanderparkplatz zur Kirnitzschtalklamm an den Marsch als Kind zum Jahrmarkt: Mit jedem Meter steigt die Vorfreude, und ist man endlich da, wird sie meist noch übertroffen. Glasklar und still liegt das Wasser zwischen den mächtigen Felsen und fast scheinen sie alle Geräusche zu verschlucken – wären da nicht die Bootsstation und das kleine Hexenhäuschen mit dem hausgemachten Eierlikör, die die Kirnitzschtalklamm zwischen Ostern und Oktober zum Leben erwecken. Dann nämlich fährt man zwischen Oberer und Unterer Schleuse in Kähnen hin und her, und natürlich hat niemand etwas dagegen, wenn man den einen oder anderen Waffelbecher ins

Boot schmuggelt. Entsprechend ausgelassen ist an Feiertagen die Stimmung, andernfalls dürften wenigstens die Flößer mit ihren amüsanten Erzählungen zu den Besonderheiten der Klamm einen Schmunzler ins Gesicht zaubern. Sitzt man heute dabei bequem im Boot, lässt sich kaum noch erahnen, mit welchem körperlichen Einsatz die Flößer hier ab 1580 das Holz aus dem Tal nach Bad Schandau flößten. Wer lieber läuft und die geheimnisvolle Stille erleben möchte, kann die Schlucht aber auch jederzeit auf dem alten Flößersteig durchwandern.

Etwa 700 Meter und 20 Minuten Fahrt später, an der Unteren Schleuse, ergießt sich schließlich die angestaute Kirnitzsch als Wasserfall ins Tal. Bevor man ihrem Flusslauf wieder folgt, lohnt sich ein Abstecher zur Schlegelhütte am Hermannseck, wobei die Aussicht nur das Zweitbeste ist. Viel spannender ist

Im Gegensatz zur Edmundsklamm, die tatsächlich nur mit dem Kahn befahren werden kann, kann man die Kirnitzschtalklamm auch neben dem Wasserlauf auf einem Wanderweg passieren.

der Aufstieg über die steile Stiege durch den Felsspalt, der an manchen Stellen so eng wird, dass sogar der kleine Tagesrucksack am Stein scheuert. Wer schnell Platzangst verspürt, wählt lieber den bequemen Aufstieg über die Stufen. Wieder unten, geht's weiter an der deutsch-tschechischen Grenze und der plätschernden Kirnitzsch entlang durch das lichtdurchflutete Tal. Links und rechts des Flusses liegen statt Felsen nun duftende Wiesen, sodass es im Sommer sogar möglich wäre, ins Wasser zu hüpfen – vorausgesetzt, man scheut nicht die kalten Temperaturen von kaum mehr als 8°C. Andernfalls bleibt man lieber im Trocknen und tritt am Rabensteinweg den Rückweg an. Immerhin warten in der Buchenparkhalle schon die köstlichen Buttermilchplinsen mit Heidelbeeren und Schlagsahne (www.buchenparkhalle.com).

---

**Hin & weg:** Von Pirna oder Sebnitz kommend mit den Buslinien 241 oder 268 des RVSOE zur Bushaltestelle Zur Hoffnung in Hinterhermsdorf.

**Beste Zeit:** Am schönsten zwischen Ostern und Oktober, um die Kahnfahrt zu erleben (www.tourismus.sebnitz.de).

**Dauer & Strecke:** 4 Std., 12 km; mit Einkehr, Pausen und Kahnfahrt etwa 6 Std.

**Ausrüstung:** Das Bargeld für den Kahn nicht vergessen!

---

**FAZIT: EIN SONNTAGSAUSFLUG, WIE ER IM BUCHE STEHT!**

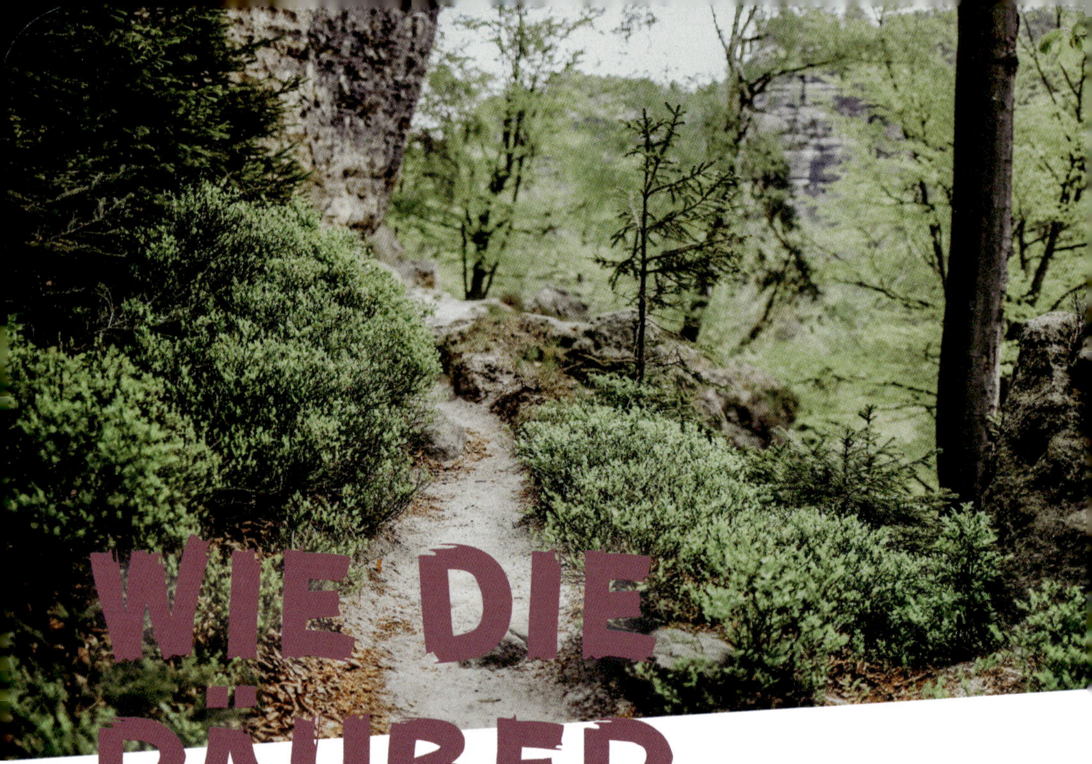

# WIE DIE RÄUBER

... über den Goldsteig zum Winterstein

## #24

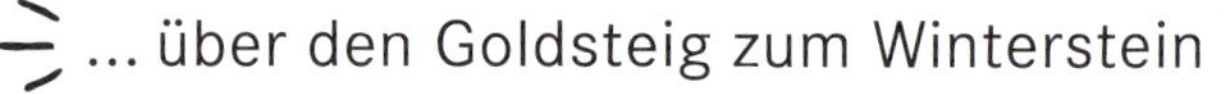

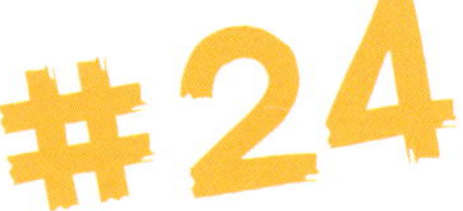

*Ein leuchtendes Band inmitten des Waldes: Nicht umsonst nennt sich ein Teil dieser Tour Goldsteig. Doch neben diesem besonders malerischen Wegabschnitt bietet die Wanderung auch eine abenteuerliche Kletterei zum Großen Raubschloss und eine wohlverdiente Kuchenpause.*

#Hotzenplotz #BurgimHimmel #Kuchenpause #Aussicht

Der Weg hinauf zum Hinteren Raubschloss ist ein Abenteuer für sich!

Während man sich auf vielen Touren die Highlights schwer erwandern muss, überrascht diese bereits wenige Meter hinter dem Wanderparkplatz an der Neumannmühle mit den Spitzsteinschlüchten. Links und rechts vom Weg ragen die ersten bemoosten Sandsteinfelsen auf. Die wenigen Sonnenstrahlen, die es früh in die schmale Schlucht schaffen, zeichnen Lichter und Schatten an die Felswände, sodass es aussieht, als würden überall Waldgeister sitzen – bereit, jeden Wanderer zu erschrecken, der nur genug Fantasie hat, sie zu entdecken.

Nach dem ersten Anstieg wird der Pfad breiter. Wo bis vor einer Weile noch dichter Wald stand, haben Borkenkäfer der Sonne den Weg gebahnt. Es dauert aber gar nicht lang, bis die kahle Landschaft wieder dem gewohnten Bild sandiger Wege und knorriger Kiefern weicht und eine Holztreppe geradewegs zur Weggabelung am Winterstein führt. Würde man hier einfach geradeaus weiterlaufen, würde man einen der aufregendsten Aufstiege der Sächsischen Schweiz verpassen. Stattdessen nimmt man also lieber rechter Hand die Stufen und

Stiegen zum Winterstein. Über eine hohe freistehende Leiter und einige Steigbügel überwindet man die letzten Meter zum Gipfelplateau. Wer genau hinsieht, wird dabei auch die Überreste der Felsenburg erkennen, die hier im 13. Jahrhundert errichtet wurde: Balkenfalze, eingehauene Stufen und Sandsteinmauern des Wohnturms sind immer noch sichtbar. Da auch diese Burg zwischenzeitlich angeblich von Raubrittern bewohnt wurde, erhielt der Winterstein seinen bekannteren Namen Hinteres Raubschloss.

Wieder unten, geht's zum Heringsloch. Dieser Wegabschnitt ist dann besonders schön, wenn die Buchen ihr dichtes Blätterdach tragen und das Sonnenlicht die Luft goldgrün leuchten lässt. Am Berggasthaus des Großen Winterbergs hat man nun auch den letzten

Die Neumannmühle, genutzt als Sägemühle und für die Holzschleiferei, ist ein technischen Denkmal und kann gegen einen kleinen Eintritt besichtigt werden.

Aufstieg geschafft und den höchsten Punkt der Tour erreicht. Wem 566 Meter Höhe immer noch nicht hoch genug sind, steigt am besten gleich noch auf den Aussichtsturm. Trotzdem ist damit die Wanderung noch nicht vorbei, der schönste Teil liegt noch bevor: der Goldsteig. Bei Sonne windet sich der schmale, sandige Pfad wie ein goldenes Band zwischen Felsen und üppig grünem Gestrüpp. Hinter jeder Biegung offenbaren sich gänzlich neue Waldlandschaften und hin und wieder geben die Bäume sogar den Blick auf die Felsen der Umgebung frei.

Bevor die Tour endgültig vorbei ist, lockt das Alte Zeughaus mit seiner idyllischen Terrasse und einem Stück Kuchen (www.alteszeughaus.de). Ist der Hunger größer, lohnt sich auch die Einkehr in der Neumannmühle (www.saechsische-schweiz.com/de). Die gebratene Forelle ist ein sehr schmackhafter Abschluss für den Wandertag!

---

**Hin & weg:** Von Pirna kommend mit der Buslinie 241 des RVSOE zur Haltestelle Neumannmühle; Parken möglich gegenüber der Neumannmühle.

**Zeit:** An sonnigen Tagen, wenn Goldsteig und Buchenblätter leuchten.

**Dauer & Strecke:** 5 Std., 13,8 km.

**Ausrüstung:** Proviant für ein aussichtsreiches Picknick am Raubschloss.

---

**FAZIT: EINE TOUR SO AUFREGEND, DASS SIE BESTIMMT AUCH KLEINEREN RÄUBERN GEFÄLLT!**

# ZWEI AUF EINEN STREICH

## ... am Lilienstein und an der Festung Königstein 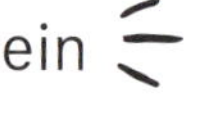

**#25**

*Mächtig und unverkennbar thront er über der Elbe: der Lilienstein. Von überall weithin sichtbar ist er so etwas wie die Ikone der Sächsischen Schweiz. In unmittelbarer Nähe zur Festung Königstein gelegen, verbindet diese Tour die zwei populärsten »Steine« der Region.*



#eineBootsfahrtdieistlustig #juppheidi #juppheida #AugustderStarke

Das Felsplateau der Festung Königstein erhebt sich 240 Meter über die Elbe.

Nähert man sich der Sächsischen Schweiz, wird man schon von weither den Lilienstein erblicken. Wie eine Ikone leitet er immerzu den Weg ins Herz der Region. Startpunkt der Tour ist der linkselbische Teil des Kurortes Rathen. Auf dieser Seite befinden sich sowohl der Bahnhof als auch ein großer Parkplatz. Um auf die andere Elbseite zum Lilienstein zu gelangen, beginnt die Wanderung mit einer Fährfahrt (www.vvo-online.de). Wie ein Relikt aus vergangener Zeit bewegt sich die Fähre noch immer ohne Motor an einem sogenannten Gierseil hin und her. Dieses ist längs im Fluss verankert und lässt die Fähre durch die Strömung von einer zur anderen Seite pendeln.

Von Niederrathen führt der Weg ein kleines Stück an der Elbe entlang, bevor er sich als Lottersteig durch grün leuchtenden Buchenwald schlängelt. Biegt man wenig später rechter Hand in den Kirchweg ein, lässt man den Wald hinter sich und findet sich stattdessen umgeben von Wiesen am Fuß des Liliensteins. Im Frühjahr ist dieser Abschnitt besonders schön, denn dann gleicht er einem Bad im

Als August der Starke 1708 den Lilienstein besteigen wollte, ließ er dafür auf der Südseite Stufen in den Fels schlagen. Über diese besteigt man auch heute noch den Berg.

Löwenzahnblütenmeer. Dahinter beginnt von der Ostseite her der kurze, knackige Aufstieg.

Oben angekommen, gibt es jede Menge zu sehen: Neben dem Wettin-Obelisk und der kleinen Drachenhöhle sind die Steine auf der Westseite am spannendsten. Hier klettert man über Leitern auf die Felsen und genießt einen einzigartigen Blick über die Elbschleife hinüber zur Festung Königstein. Um dorthin zu gelangen, verlässt man den Lilienstein auf seiner Südseite, deren Stufen 1708 eigens für August den Starken angelegt wurden. Unten geht's an einer Wildblumenwiese vorbei geradewegs zum Fähranleger Halbestadt. Auch hier verkehrt die Fähre im Minutentakt, sodass man wenig später die Stadtmitte von Königstein erreicht. Über die Treppen hinter der Stadtkirche gelangt man zur Festung (www.festung-koenigstein.de). Wem die Puste ausgeht, kann die letzten Meter mit dem Aufzug überwinden. Oben erwartet einen schließlich die gigantische Festungsanlage mit mehr als 50 Bauten. Entsprechend sollte man genügend Zeit einplanen, um das historische Ensemble zu entdecken: Immerhin

---

**Hin & weg:** Von Dresden kommend mit der S1 zum Bahnhof Kurort Rathen, Wanderparkplatz linkselbig neben dem Bahnhof; Rückfahrt von Königstein mit der S1 oder dem Dampfschiff.

**Beste Zeit:** Ganzjährig begehbar, am schönsten aber, wenn der Löwenzahn in den weiten Wiesen unterhalb des Liliensteins blüht.

**Dauer & Strecke:** 5 Std., 13 km, mit Besichtigung der Festung gut 8 Std.

**Ausrüstung:** Das Kleingeld für die Fähre nicht vergessen!

---

stehen hier Deutschlands älteste Kaserne, Sachsens tiefster Brunnen, die erste sächsische Garnisonkirche und die Nachbildung von Augusts legendärem Riesenfass für 238 600 Liter Wein – von den grandiosen Ausblicken entlang der Ringmauer ganz zu schweigen.

Um die Tour in passender Weise zu beenden, fährt man von Königstein anschließend mit dem Dampfschiff zurück nach Rathen (www.saechsische-dampfschifffahrt.de). Wer außerhalb der Fahrzeiten unterwegs ist, nimmt die S-Bahn.

**FAZIT: ZWEI DER BERÜHMTESTEN SEHENSWÜRDIGKEITEN DER SÄCHSISCHEN SCHWEIZ AUF EINEN STREICH!**

# HOCH HINAUS

... am Sandsteinfelsen

#26

*Überall entdeckt man beim Wandern in der Sächsischen Schweiz Kletterer. Doch wie wäre es wohl, selbst ganz oben auf einem Gipfel zu sitzen? Kletterschulen wie die Ottendorfer Hütte ermöglichen mit Schnupperkursen einen Einblick in den Klettersport und das ganz persönliche Gipfelerlebnis.*

#Bergfex #Gipfelstürmer #Kletterkurs #Bergsteigen

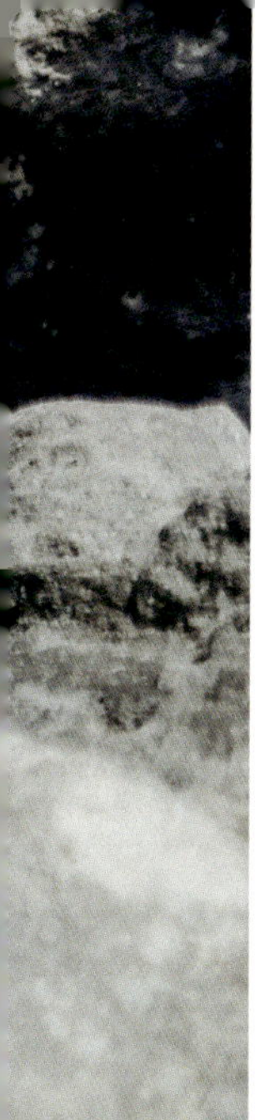

In der Sächsischen Schweiz wird das Klettern traditionell als Bergsteigen bezeichnet.

Wenn man mit nackten Füßen im Sand zwischen den Sandsteinfelsen steht, ist es gar nicht mehr schwer sich vorzustellen, dass das Gebiet vor 90 Millionen Jahren einmal der Boden eines riesigen Meeres war. Als das Wasser verschwand, hinterließ es eine bis zu 600 Meter mächtige Sandsteinschicht. Wind, Wasser, Hitze und Kälte wirkten so auf das Gestein ein, dass sich jene fantastische Erosionslandschaft mit ihren bizarren Felsentürmen bildete. Knapp 1125 freistehende Gipfel wurden seit Beginn der Kletterei auf über 27 000 Kletterwegen erschlossen. Überhaupt gilt die Sächsische Schweiz als eines der ältesten Klettergebiete der Erde und als »Wiege des Freikletterns«. Es ist also kaum möglich, die Region zu besuchen, ohne dabei mit dem Thema in Berührung zu kommen. Da ein Einstieg in den Klettersport aber viel Zeit und Wille benötigt, ermöglichen Kletterschulen wie die Ottendorfer Hütte, das Klettern bei einem eintägigen Schnupperkurs kennenzulernen (www.ottendorfer-huette.de). Dabei geht es gar nicht darum, tiefgreifende Grundlagen zu erlernen, sondern vielmehr mit Spaß ein erstes Gefühl für den Fels zu entwickeln und die Besonderheiten des Sandsteins kennenzulernen. Davon gibt es nämlich jede Menge: Da er im Gegensatz zu anderen Gesteinen sehr viel weicher ist, muss er auf besondere Weise vor

Erosionen geschützt werden. Beispielsweise dürfen hier kein Magnesia oder metallene Sicherungsmittel verwendet werden. Gleichzeitig bietet der Fels mit seiner rauen Oberfläche und seinen sogenannten Sanduhren ideale Voraussetzungen zum Klettern.

Nach der Ausgabe der Ausrüstung folgt der kurze Zustieg zum Fels. Ein paar erste Trockenübungen helfen dabei, Vertrauen ins Material zu gewinnen. Anschließend wird es auch schon ernst: Stand man eben noch auf festem Boden, hängt man kurz darauf be-

Weil Magnesia am Sandstein verboten ist, reibt man schwitzige Hände mit dem feinen Sand vom Boden trocken.

reits am Fels und übt gesichert mit Gurt und Abseilachter das Abseilen. Hat man diese Übung absolviert, geht's endlich hinauf. In der Sächsischen Schweiz darf sich jeder freistehende Felsen mit wenigstens zehn Metern Schartenhöhe Klettergipfel nennen und ist – sofern erschlossen – mit einem Gipfelbuch ausgestattet. Bevor nun alle Teilnehmer der kleinen Gruppe nach oben dürfen, steigt der Ausbilder vor und legt mit Schlingen mobile Sicherungspunkte. Spätestens jetzt, wenn es darum geht, Zug um Zug die Höhe zu überwinden, und die Hände doch ein bisschen schwitzig werden, wird man die Vorzüge des rauen Steins zu schätzen lernen. Da die Routen entsprechend leicht gewählt sind, ist der Erfolg trotzdem so gut wie garantiert: Am Ende des Tages wird man das berauschende Gefühl genießen, ganz oben auf dem Klettergipfel zu sitzen und den eigenen Namen ins Gipfelbuch einzutragen – Weitsicht inklusive.

---

Hin & weg: Von Pirna kommend zunächst mit der RB 71 nach Sebnitz, von dort mit der Buslinie 269 des RVSOE zur Haltestelle Ottendorfer Hütte; Parkmöglichkeiten unterhalb der Ottendorfer Hütte entlang der Hauptstraße.

Beste Zeit: Kletterkurse finden ab Frühjahr statt, sobald der Fels ausreichend trocken ist.

Dauer: 6–7 Std. inkl. Zustieg.

Ausrüstung: Ausreichend Sonnenschutz (auch für den Kopf) und strapazierfähige Kleidung.

---

**FAZIT: EINE AUFREGENDE MÖGLICHKEIT, UM IN DER ÜBERWÄLTIGENDEN NATURKULISSE IN DEN KLETTERSPORT ZU SCHNUPPERN.**

# MIT VOLLDAMPF

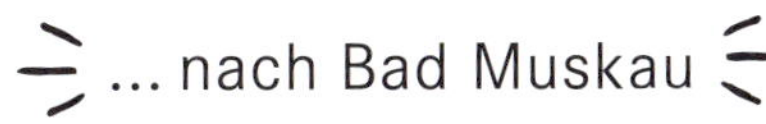

*Pink, rot, violett – im Mai verwandelt sich der Rhododendronpark Kromlau in ein wahres Blütenmeer und gibt der frisch sanierten Rakotzbrücke einen geradezu kitschigen Rahmen. Doch damit nicht genug: Mit der Waldeisenbahn geht's obendrein zum opulenten Fürst-Pückler-Park am Schloss Muskau.*

#Eisenbahnromantik #Gartenkunst #Flanieren #UNESCO #fürstlich

Man muss weder ausgesprochener Romantiker sein noch ein besonderes Faible für Gärtnerei haben, um sich in Kromlau und Bad Muskau (sorb. Mužakow) am Fürst-Pückler- und am Rhododendronpark zu erfreuen. »Der höchste Grad der landschaftlichen Gartenkunst ist nur da erreicht, wo sie wieder freie Natur, jedoch in ihrer edelsten Form zu sein scheint«, schreibt Hermann Fürst von Pückler-Muskau, Schöpfer des Parks, in seinen »Andeutungen über die Landschaftsgärtnerei«. Ganz nach seiner Überzeugung flaniert man

Heinrich Heine nannte Hermann Fürst von Pückler-Muskau den »fashionablesten aller Sonderlinge«. Gern wird er auch als exzentrisch, eigenwillig und schillernd beschrieben.

in Bad Muskau durch weitläufige Parkräume, die harmonisch in die umgebende Landschaft übergehen. Beinah unmerklich leiten die Wege wie stumme Führer zu jeder Attraktion und bieten dabei immer wieder neue Sichtachsen. Früher oder später bringt einen jedoch jeder ins Zentrum der heutigen UNESCO-Welterbestätte: das opulente Neue Schloss. Zum Schlosskomplex zählen außerdem das Alte Schloss, das Gartenpalais, die Orangerie und der Marstall mit Schlossvorwerk. Ganze 30 Jahre verwendete der Fürst auf die Anlage des Parks, bevor er sich dabei so sehr verschuldete, dass er seinen Landsitz 1845 veräußern musste (www.muskauer-park.de).

Um auch den Kromlauer Park besichtigen zu können, braucht es entweder ein Fahrrad oder – besser – ein Ticket für die Waldeisenbahn (www.waldeisenbahn.de). Zwischen April und Oktober verkehrt die Museumsbahn zwischen Weißwasser (sorb. Běła Woda) und Bad Muskau sowie zwischen Weißwasser und Kromlau. Sie verband im späten 19. Jahrhundert die Braunkohlegruben, Ziegeleien, Sägewerke, Papierfabriken und Glashütten der Region. Während sich damals der Betriebsbahnhof auf dem Gelände der Muskauer Papierfabrik befand, liegt die zentrale Abfahrt heute in Weißwasser unweit des Museumsbahnhofs.

Wer nicht die gesamte Strecke fahren möchte, nimmt zunächst von Bad Muskau nach Weißwasser die Bahn und geht anschließend zu Fuß nach Kromlau. Bei dieser kurzen Wanderung streift man nicht nur den Waldsee, sondern kommt unweigerlich auf sandigen Böden zum Seerosensee, zum Picknickplatz am Eichenhügel und schließlich zur eigentlichen Attraktion des Parks: der Rakotzbrücke. Im Volksmund auch Teufelsbrücke genannt, geht ihr Name eigentlich auf das sorbische Wort »Rakotz« für »Krebs« zurück. Über 35 Meter überspannt sie den gleichnamigen See und spiegelt sich in ihm zu einem vollständigen Kreis, in dessen Mitte sich – vom Westufer aus betrachtet – ein Ensemble aus Basaltsäulen befindet. Lediglich im Frühsommer laufen die Rhododendren der Brücke den Rang ab: An Hunderten von Büschen blühen dann unzählige rote, violette, pinke und gelbe Blüten.

**FAZIT: FÜRSTLICH FLANIEREN IM BLÜTENMEER – EIN AUSFLUG NICHT NUR FÜR ROMANTIKER.**

---

Hin & weg: Von Görlitz kommend mit der RB 65 nach Weißwasser, von dort mit der Waldeisenbahn oder der Linie 250 der Regionalbus Oberlausitz GmbH nach Bad Muskau; Parken am Museumsbahnhof (Teichstraße 1, Weißwasser).

Beste Zeit: Mai–Juni, wenn die Rhododendronbüsche in Kromlau blühen, die Waldeisenbahn verkehrt zwischen April und Oktober.

Dauer & Strecke: 4 Std. reine Gehzeit, mit Bahnfahrt und Pausen ein ganzer Tag.

Ausrüstung: Auf keinen Fall das Mückenspray vergessen!

---

# ATZ UND MAUS

… vom Pfaffenstein nach Cunnersdorf

## #28

*Jetzt braucht es Biss! Ganze 600 Stufen gilt es auf schmalen Treppen und Leitern zu überwinden, wenn man die berühmte Barbarine sehen will. Nach dem Abenteuer am Pfaffenstein geht's dafür umso gemütlicher zum Mäuseborn und dem kleinsten Aussichtspunkt der Sächsischen Schweiz.*

#Mäusekönig #Wildkatze #Nadelöhr #sagenhaft #steinerneJungfrau

Am Pfaffenstein finden sich rund ein Dutzend Schichtfugen-, Kluft- und Trümmerhöhlen. Die bekannteste ist die Goldschmidthöhle.

Schonungslos beginnt die Wanderung mit dem schweißtreibenden Aufstieg zum Pfaffenstein. Während die Treppe zu Beginn noch breit ist, erklärt sich wenig später, weshalb man diesen Zustieg Nadelöhr nennt. Auf fest installierten Eisenleitern durchsteigt man nach knapp 600 steilen Stufen das horizontale Felsloch. Hat man dann das Plateau erreicht, eröffnet sich linker Hand am Bundesfels eine grandiose Aussicht über die leuchtend gelben Rapsfelder hinüber zum Königstein. Damit ist das Abenteuer aber längst nicht vorbei!

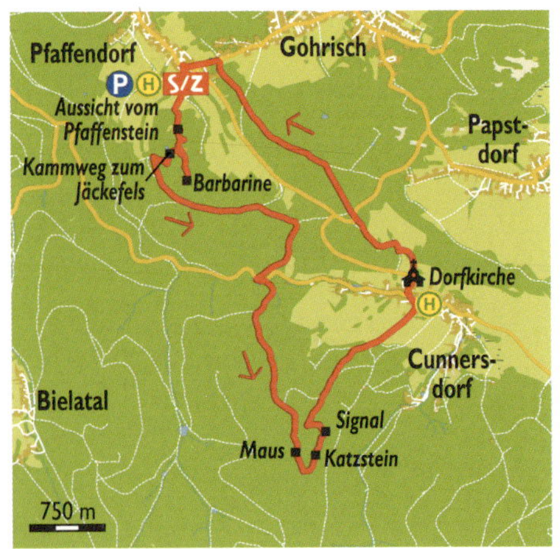


An der Berggaststätte (www.pfaffenstein.com) und am Aussichtsturm vorbei führt ein verschlungener, aber gut gekennzeichneter Pfad über allerlei Stufen zur Barbarine. Laut Sage handelt es sich bei der ikonischen 43 Meter hohen Felsnadel um eine versteinerte Jungfrau, die *»sey währender Kirche auf den Pfaffstein in die Heydelbeere gegangen«*, woraufhin ihre eigene Mutter sie verwünschte. In einer anderen Variante der Sage wurde das Mädchen von einer Hexe versteinert, weil sie hier ihren Geliebten, den Förster, traf.

Anschließend geht's ein kleines Stück zurück und linker Hand auf dem Klammweg durch eine tiefe, schmale Felsspalte. Der Felsbrocken, der einst in die Spalte fiel und dort stecken blieb, wird ruchlos als Fallbeil bezeichnet. Vom Jäckelfels, der mit einem Marmormedaillon dem Erschließer des Pfaffensteins gedenkt, nimmt man nun den sogenannten Bequemen Weg hinab zur Pfaffensteinpromenade. Ihr folgt man gemütlich bis zum Abzweig am Oberen Kohlweg. In südlicher Richtung gelangt man auf dem Hüttenhofweg geradewegs zum Mäuseborn. Ein kleines metallenes Buch mit Kinderzeichnungen erzählt dort die liebevolle Geschichte

Am Weg kann man fast überall Walderdbeeren und Heidelbeeren naschen. Ist der Hunger doch größer, stillt man ihn mit den veganen und vegetarischen Köstlichkeiten der Berggaststätte Pfaffenstein.

vom Mäusekönig und seiner kaputten Badewanne. Doch wo eine Maus ist, ist die Katze nie weit. Letztere findet man wenig weiter am kleinsten Aussichtspunkt der Sächsischen Schweiz: dem Katzfels. Eine Treppe führt auf den freistehenden Felsen hinauf, wobei man auf halber Höhe tatsächlich einer Katze begegnet. Die Sandsteinskulptur erinnert an die Wildkatzen, die hier bis zur ihrer Ausrottung 1809 die Wälder durchstreiften.

Den Rückweg beschreitet man zunächst entlang von Wiesen auf der Alten Rosenthaler Straße. An der Stelle, an der der Wanderweg in Cunnersdorf auf die Straße trifft, lohnt ein genauer Blick zur Bushaltestelle. Diese kommt als liebevoll gestaltete Bibliothek daher, in der gelesene Bücher getauscht werden können. Ein idyllischer Wiesenweg führt an der Kirche vorbei und oberhalb der Fahrstraße mit tollen Weitblicken zurück nach Pfaffendorf.

---

**Hin & weg:** Von Dresden kommend mit der S1 nach Königstein, anschließend mit der Buslinie 244 des RVSOE zur Haltestelle Pfaffendorf, Vereinshaus; Parken am Gasthaus Zum Pfaffenstein (Pfaffensteinweg 1, Königstein).

**Beste Zeit:** April–Mai, wenn die riesigen Rapsfelder vor dem Königstein blühen.

**Dauer & Strecke:** 5 Std., 14 km.

**Ausrüstung:** Ein ausgelesenes Buch im Tausch gegen ein anderes aus der Buchhaltestelle Cunnersdorf.

---

**FAZIT: DER PFAFFENSTEIN ALLEIN IST MIT SEINEN VIELEN LEITERN UND SCHLUPFLÖCHERN AUCH EIN TOLLES ABENTEUER FÜR KLEINE WANDERER!**

# YOU SEE ME ROLLIN´

 ... rund um den Bärwalder See 

*Reist man in die Oberlausitz, begibt man sich unweigerlich in das faszinierende Spannungsfeld zwischen (ehemaligem) Kohlebergbau und Rekultivierung. Bei einer Runde um den Bärwalder See lässt sich die Entwicklung hin zur größten künstlichen Seenplatte Europas hautnah und mit viel Badespaß erleben!*

#rollendesVergnügen #Rundweg #Badepause #Wolkenfabrik #imOhr

Einst das Herz der Kohleindustrie der DDR, entsteht in der (Ober-)Lausitz gerade aus den stillgelegten Tagebauen die größte künstliche Seenplatte Europas – unter anderem durch die Flutung des Tagebaus Bärwalde. Ganze zwölf Jahre dauerte es, bis 2009 das Restloch gänzlich geflutet war. Mit einer Fläche von etwa 13 Quadratkilometern ist er der größte See Sachsens und aktuell der drittgrößte des Lausitzer Seenlandes. Zum Landschaftsbild gehört jedoch nach wie vor das Braunkohlekraftwerk Boxberg. Während seiner höchsten Ausbaustufe in den 1980er-Jahren war es das größte Kohlekraftwerk der DDR. Kommt man also an den Bärwalder See, wird man an sonnigen Tagen – zumindest bis zur Abschaltung 2038 – schon von Weitem die weißen Wolken sehen, die täglich die neue Seekulisse zieren.

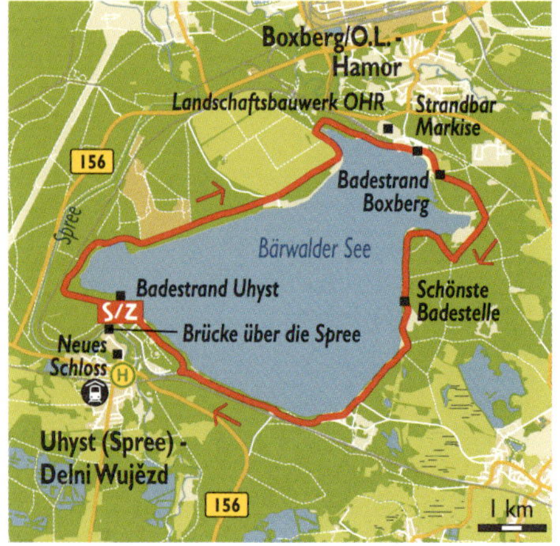


Inzwischen wird der Bärwalder See über 20 Kilometer in unmittelbarer Ufernähe von einem asphaltierten Radweg umrahmt, der die Orte Uhyst (sorb. Delni Wujězd), Boxberg

Die schönsten Badestellen befinden sich am Nordostufer des Sees.

(sorb. Hamor) und Klitten (sorb. Klětno) miteinander verbindet. Sicher kann man den See mit einem Fahrrad umrunden, jedoch wäre dieses Vergnügen nur von kurzer Dauer. Stattdessen bietet der See eine wunderbare Gelegenheit, Inliner, Longboard oder ähnlich rollendes Sportequipment auszupacken.

Spannende Orte für Verschnaufpausen gibt es zwischendurch genug: Nach dem Start am Parkplatz in Uhyst erreicht man schon nach wenigen Metern den gepflegten Sandstrand mit Blick auf die »Wolkenfabrik«. Bewegt man sich anschließend an der Westseite in Richtung Norden, wird nach und nach eine Hügelkette sichtbar, die in die sonst so flache Landschaft passt wie ein Pinguin in die Wüste. Tatsächlich handelt es sich um künstliche Hügel, die nach der Idee des Warschauer Künstlers Jarosław Kozakiewicz in Form eines menschlichen Ohrs aufgeschüttet wurden. Etwa 350 Meter lang, 250 Meter breit und 18 Meter hoch, kann man das Ohr bis zur Aussichtsplattform am höchsten Punkt der Ohrmuschel begehen. Im Inneren wurde das Theater im OHR installiert. Angrenzend finden sich der lagunenartige Strand von Boxberg und die Strandbar Markise. Die Füße im Sand und ein kaltes Getränk in der Hand, lässt es sich hier im Schatten der Holzschirme wunderbar relaxen, bevor man die letzten Kilometer bis zum Leuchtturm am Jachthafen nimmt. Zurück am Ausgangspunkt und wieder in Straßenschuhen, sollte man es auch auf keinen Fall verpassen, einen letzten kleinen Spaziergang über die Spreebrücke zum leerstehenden Neuen Schloss mit seinem stimmungsvollen Barockgarten zu unternehmen.

**FAZIT: HÜGELLOSER ASPHALT BEI IDEALER LÄNGE – DER BÄRWALDER SEE IST EIN PARADIES FÜR ALLE SKATER!**

---

**Hin & weg:** Von Görlitz/Hoyerswerda kommend mit der RB 64 nach Uhyst; von Bautzen mit der Linie 125 der Regionalbus Oberlausitz GmbH zur Haltestelle Uhyst (Spree), Gaststätte.

**Beste Zeit:** Immer dann, wenn die Wege trocken sind, am schönsten im Sommer.

**Dauer & Strecke:** Reine Fahrzeit 3 Std., 20 km, mit Badepausen gut 5 Std.

**Ausrüstung:** Badesachen und ein Paar leichte Schuhe für die Wege zum Strand.

---

# MÄRCHEN-STUNDE

... vom Barockschloss Rammenau zum Butterberg

#30

*Wer den Ort sucht, an dem sich Fuchs und Hase Gute Nacht sagen, wird ihn an den Wiesen und Feldern auf dem Weg zur Ausflugsgaststätte am Butterberg finden. Das eigentliche Highlight wartet am Schluss: ein Spaziergang durch den englischen Garten am Barockschloss Rammenau.*

#Barockschloss #Dorfidyll #FuchsundHase #Butterumschlagpunkt

Zur Anlage des Schlosses Rammenau gehören Ehrenhof, Kavaliershäuser, Rittergut und Park.

Es ist ein Märchenschloss der Neuzeit – das Barockschloss Rammenau. Als einziges vollständig erhaltenes Rittergut Sachsens präsentiert es sich innen wie außen opulent inmitten eines weitläufigen Landschaftsgartens. Da ein Besuch des Schlosses gern einmal etwas länger dauert, betrachtet man es zum Beginn der Tour lieber erst einmal von außen (www.barockschloss-rammenau.com) und wendet sich nun zunächst einmal den Wiesen nördlich von Rammenau zu. Der Pfad führt geradewegs über saftiges Grün zu einer kleinen Baumgruppe, von der aus man einen fantastischen Blick hinunter zum Schloss genießt. Überhaupt sind Wiesen das prägende Element der Wanderung: Die folgenden acht Kilometer führen immerzu in Bilderbuchidylle auf stillen Wiesenwegen entlang von Feldern und Wäldern geradewegs zum Gipfel des Butterbergs.

Laut Überlieferung erhielt der Berg seinen Namen während der großen Pestepidemie im 16. Jahrhundert. Am stärksten wütete die Pest zu dieser Zeit in Bischofswerda. Etwa

600 der rund 1000 Einwohner kamen ums Leben. Weil die Händler sich nicht mehr in die Stadt wagten, brachten sie ihre Waren stattdessen auf den benachbarten Berg, wo sie den Käufern mit großem Abstand Getreide, Mehl, Eier, Milch und Butter zuschoben. Das Geld wurde anschließend über Wassergefäße ausgetauscht. Heute dreht sich auf dem Butterberg immer noch alles ums Essen: Eine Ausflugsgaststätte serviert auf der Terrasse deftige Gerichte, ein Imbiss hält im Sommer Kleinigkeiten bereit. Während die Großen mit Sicherheit in Kinderaugen mal wieder viel zu lang am Tisch sitzen, können sich die Kleinen nebenan auf dem Abenteuerspielplatz austoben (www.butterberg.com).

Weiter geht's anschließend über eine Wiese bergab in Richtung Pickau und weiter an den Stadtrand von Bischofswerda. Auf dem folgenden Abschnitt nach Rammenau teilt man

Die vielen weiten Wiesen rund um den Butterberg laden zu einem ausgedehnten Picknick ein.

sich den Weg mit Fahrradfahrern zunächst parallel zur B98 und kurze Zeit später wieder in gewohnter Ruhe. Rammenau selbst begrüßt seine Wanderer mit einer beschaulichen Teichlandschaft. Unter Bäumen flaniert man am Niederteich geradewegs ins Zentrum zur Alten Schmiede, dem Alten Gefängnis und der Stadtkirche. Statt hier der Gottlieb-Fichte-Straße zum Schloss zu folgen, sollte man es auf keinen Fall verpassen, auf dem Parkweg durch das ehemalige Bauernviertel zu laufen. In diesem malerischen Ortsteil befinden sich mehrere besonders schöne Landhäuser und Höfe. Über eine letzte Wiese geht's vorbei an einer Schafweide zurück zum Schloss. Dort angekommen, sollte nun noch genügend Zeit sein, um in aller Ruhe die Innenräume zu bestaunen und im englischen Garten einen Tee zu trinken.

---

**Hin & weg:** Parken am Barockschloss in Rammenau; reist man von Dresden, Görlitz oder Zittau mit dem Zug an (RE 1, RE 2, RB 60, RB 62), beginnt man die Tour in Bischofswerda.

**Beste Zeit:** Wenn die Wiesen grün sind und das Getreide auf den Feldern steht; das Barockschloss ist ganzjährig geöffnet.

**Dauer & Strecke:** 4.30 Std., 16 km.

**Ausrüstung:** Decke und Proviant für ein Picknick auf der Wiese.

---

**FAZIT: MÄRCHENHAFTE LANDSCHAFTEN UND EIN MÄRCHENSCHLOSS – DIESE TOUR KOMMT DIREKT AUS DEM BILDERBUCH.**

# ES KAMIN-
# EGERS WEG

... auf dem Klettersteig Häntzschelstiege

*Die Sächsische Schweiz ist ein Kletterparadies – nicht nur für Kletterer allein. Auch geübte Wanderer können an der Häntzschelstiege ein Abenteuer erleben! Gesichert mit einem Klettersteigset geht's in schwindelerregender Höhe steil bergan. Das Highlight: der rabenschwarze Kamin!*

#Klettern #Idagrotte #Gänsehaut #Höhlenforscher #Affensteine

Die Häntzschelstiege eignet sich auch hervorragend als Familien-Abenteuer!

90 Meter hoch türmt sich die Nordwand des Bloßstocks senkrecht im Wald auf und wirft einen gigantischen Schatten auf die Winzigkeiten zu seinen Füßen. Der Fels ist Teil der Affensteine und damit auch jenen Gebiets, durch das die Häntzschelstiege (Schwierigkeitsgrad 3.5–C) führt – ein beliebter Klettersteig, der geübten Wanderern ein echtes Abenteuer verspricht! Ausgestattet mit einem Klettersteigset geht's an der Westseite der Felskette über einen sandigen Pfad zum Einstieg. Der vielleicht schwierigste Part erwartet einen dabei gleich zu Beginn: eine hochgelegene erste Klammer, die selbst großen Menschen einige Kraft abverlangt. Anschließend führen die weiteren Klammern jedoch gut erreichbar, senkrecht und horizontal am Fels entlang.

Beim Umhängen der Sicherung sollte man unbedingt darauf achten, immer mindestens einen der beiden Karabiner einzuhängen. Tritt für Tritt überwindet man so schnell den ersten Teil der Stiege. Ein kurzes Stück Wanderweg, an dem man im Zweifelsfall auch aussteigen könnte, führt zum zweiten Teil. Jetzt wird's wirklich spannend! Durch einen schmalen Felsspalt geht's in den Kamin – einen Schacht, in dem eine Reihe Klammern knapp 20 Meter senkrecht nach oben führt, und so dunkel, dass es einen kaum wundern würde, wenn man ihn oben rußgeschwärzt verlassen würde. Doch damit ist das Abenteuer nicht vorbei. Ein paar letzte Tritte führen aus der Spalte heraus, wobei man von einer Felsseite zur anderen wechseln muss – ein Moment, der starke Nerven verlangt!

Angekommen auf dem Plateau, genießt man die verdiente Aussicht. Der weitere Weg ist

Achtung: Der Klettersteig darf nur im Aufstieg begangen werden, umkehren ist also nicht möglich. Nach etwa einem Drittel der Strecke gibt es aber eine Möglichkeit auszusteigen.

vergleichsweise unspektakulär, dafür landschaftlich umso vielfältiger. Ein verwurzelter Pfad führt übers Lange Horn geradewegs zum Abzweig zum Frienstein. An dessen Ostseite bildete sich über Jahrmillionen durch Ablagerungs- und Verwitterungsprozesse eine große Höhle, die heute als Idagrotte bekannt ist. Spuren und Überlieferungen belegen, dass sie im Mittelalter als Wohnstätte und Aufenthaltsort von Raubrittern diente.

Über den Affensteinweg wandert man anschließend zur vielleicht meistfotografierten Aussichtsplattform der Sächsischen Schweiz, die gleichsam auch den Beginn des Rückwegs markiert. Dieser führt zunächst über viele Holzstufen bergab und danach gemütlich auf dem Räumichtweg zurück zum Parkplatz am Beuthenfall.

---

**Hin & weg:** Von Bad Schandau mit der Kirnitzschtalbahn oder der Buslinie 241 des RVSOE zur Haltestelle Beuthenfall; an dieser stehen auch einige Parkplätze zur Verfügung.

**Beste Zeit:** Nur bei trockenem Wetter, deshalb am besten im Sommer.

**Dauer & Strecke:** 4,5 Std. reine Geh- und Kletterzeit, 9 km.

**Ausrüstung:** Klettersteigset, zu leihen bspw. im Aktivzentrum Bad Schandau (www.bad-schandau.de/serviceleistungen/rad-outdoorverleih).

---

**FAZIT: KEINE TOUR FÜR SCHWACHE NERVEN UND HÖHENANGST!**

# SCHNUPPER-PILGERN

## ... auf der Via Sacra zum Kloster St. Marienthal 

**#32**

*Wem der Jakobsweg bisher zu lang war, findet in der Oberlausitz mit der Via Sacra eine einzigartige Gelegenheit, sich im Pilgern zu probieren. Über schnurgerade Feldwege geht's von Hagenwerder zum Kloster St. Marienthal – der vielleicht beeindruckendsten sakralen Station an der heiligen Straße.*

#geradeaus #oraetlabora #OrtderStille #wieHapeKerkeling

Das Kloster St. Marienthal ist das älteste Frauenkloster des Zisterzienserordens in Deutschland.

Was ist nun eigentlich der Unterschied zwischen Pilgern und Wandern? Immerhin besteht hinsichtlich der Fortbewegung kaum ein sichtbarer Unterschied. Die Antwort ist heute gar nicht mehr so leicht zu finden: Während im Mittelalter die Pilger aufbrachen, um beispielsweise am Ende des Jakobswegs in der Kathedrale von Santiago de Compostela ihre Sünden erlassen zu bekommen, sind die Motive heute verschieden und nur noch selten traditionell religiös geprägt. Vielleicht geht es noch immer um spirituelle Erfahrung, häufiger aber um die Suche nach Gemeinschaft, dem Unterwegssein, der eigenen Mitte oder kurz: dem Hape-Kerkeling-Effekt. Wer selbst einmal ausprobieren möchte, wie sich das Pilgern anfühlt, dem bietet die Via Sacra eine einzigartige Gelegenheit. Die heilige Straße verbindet auf rund 550 Kilometern 20 sakrale Stationen im Dreiländereck Deutschland, Tschechien und Polen. Mit dem Kloster St. Marienthal als Ziel, zählt die Etappe zwischen Hagenwerder und Ostritz zu den eindrucksvollsten. Vom Bahnhof Hagenwerder führt die Via Sacra zunächst auf kürzestem Weg aus dem Ort heraus. Wie beim Pilgern üblich, nutzt die Route auch hier bereits vorhandene Wege, sodass man den ersten Teil gemeinsam mit

den Radfahrern auf dem Oder-Neiße-Radweg zurücklegt. An Wiesen vorbei geht's zu den Pferdeweiden am Eisparadies Baumann in Leuba. Kurz darauf verlässt man die Radmagistrale und tauscht sie gegen schnurgerade Schneisen durch ausgedehnte Mais- und Getreidefelder. Was einigen langweilig erscheinen mag, ist vielleicht genau die richtige Kulisse für tiefgründige Gespräche oder zum Nachdenken. Der Blick schweift frei und keine Weggabelung, keine Wurzel und kein Stein können die Gedanken unterbrechen.

So läuft man dahin, bis man die Bundesstraße überquert und hinter ihr den Klosterwald betritt. Ebenso einfache Forstwege führen geradewegs zum Knorrberg. Mit 381 Metern ist er zwar nicht besonders hoch, bietet aber dennoch von seiner Südseite einen tollen Blick

Zum Klosterkomplex gehören neben den Konventsgebäuden die Klosterkirche, eine Propstei, eine Kreuzkapelle und Nebengebäude wie eine Bäckerei, ein Sägewerk, eine ehemalige Mühle und eine Brauerei.

über die Felder. Der gesuchte Ort der Stille wartet am Schluss: Fast dramatisch erscheinen die letzten Meter zum Kloster, wenn sich auf einmal das imposante barocke Ensemble zwischen den Bäumen offenbart. Betritt man daraufhin den Klosterhof, braucht es keine spirituelle Erleuchtung, um in andächtiges Schweigen zu verfallen - so beeindruckend sind die Bauwerke, so effektvoll die Stille.

Seit etwa 770 Jahren leben hier in der alten Zisterzienserinnen-Abtei Nonnen nach der Regel des heiligen Benedikt: Ora et labora (Bete und arbeite). Das Kloster kann jederzeit besichtigt werden und bietet Besuchern die Möglichkeit, das Klosterleben bei Märkten, Festen, Konzerten und täglichen Führungen kennenzulernen. Für Pilger stehen einfache Gästezimmer bereit (www.kloster-marienthal.de).

**FAZIT: »ICH BIN DANN MAL WEG« – ZUMINDEST FÜR EINEN TAG.**

---

**Hin & weg:** Mit der RB 65 nach Hagenwerder; Parken am Bahnhof möglich; zurück von Ostritz, St. Marienthal mit der Buslinie 12 des KVG (Mo-Fr) oder vom Bahnhof Ostritz mit der RB 65.

**Beste Zeit:** Im Sommer, wenn das Korn auf den Feldern steht.

**Dauer & Strecke:** 5 Std., 19 km.

**Ausrüstung:** Ein Hut schützt auf den schattenarmen Wegen vor der Sonne und ist zudem auch traditionelles Zeichen der Pilger.

---

# BEI FUCHS UND HASE

## #33

*Weniger ist manchmal mehr, stimmt's!? Bei dieser Radtour erlebt man nicht mehr und nicht weniger als pures, ungestörtes Landidyll. 40 Kilometer schönste Radwege und Dorfstraßen leiten mit viel Auf und Ab durch Felder und Wälder – Kirschen naschen inklusive.*

#Kamillentee #gutKirschenessen #Drahtesel #Wettrennen

Nur kleine Abschnitte der Route führen über Straßen. Der Großteil des Wegs verläuft über romantische Radwege.

Je schneller das Leben, desto größer die Sehnsucht nach Auszeit und Idylle. Nur gut, dass die Radwege rund um Neustadt in Sachsen genau das in Hülle und Fülle bereithalten. Vom Bahnhof in Neustadt wählt man den kürzesten Weg an der Polenz entlang in östlicher Richtung aus dem Ort hinaus. Nach drei Kilometern lässt man so die bebauten Gebiete hinter sich und taucht ein in kühlen und dichten Wald. Der Anstieg nach Krumhermsdorf gibt dabei einen Vorgeschmack auf das schweißtreibende Auf und Ab, das einen während der Tour trotz aller Idylle erwartet. Elf Anstiege gilt es auf den 40 Kilometern zu überwinden, wobei man anschließend umso weitere Strecken mit allerlei Juchhe hinabsausen kann.

In Krumhermsdorf biegt man an der Feuerwehr links ab und radelt hinauf in Richtung Ungerberg. Wer mag, nimmt sogar die letzten Höhenmeter bis zum Gipfel mit seinem Aussichtsturm und der Ausflugsgaststätte (www.ungerberg.de). Andernfalls geht's direkt mit ordentlich Tempo den Berg auf der anderen Seite hinunter nach Rugiswalde und über die Straße Am Berg in nördlicher Richtung weiter ins malerische Langburkersdorf. Vor lauter Freude über das willkommene Bergab darf man nur nicht den Abzweig in die Raupenbergstraße verpassen. Soweit das Auge reicht, breiten sich hier zu allen Seiten goldene Felder aus, an denen Stapel von Baumstämmen, Apfel- und Kirschbäume den Weg zieren.

Ab Ende Mai bis in den September hinein finden sich außerdem jede Menge blühende Kamillen. Mit einem Stoffbeutel und einem Ta-

Besonders schön: Der Wegabschnitt entlang der Felder zwischen Langburkersdorf und Oberottendorf.

schenmesser lässt sich so ohne Weiteres der Teevorrat für den nächsten Winter pflücken. An trockenen Tagen zur Mittagszeit ist der Gehalt an den wertvollen ätherischen Ölen am höchsten. Dabei sollte man nur darauf achten, ausschließlich die Blütenköpfe abzuschneiden. Zu Hause breitet man die Blüten auf Zeitungspapier aus und trocknet sie am besten, ohne sie zu waschen, in einem dunklen Raum.

---

**Hin & weg:** Von Pirna kommend mit der RB 71 nach Neustadt; Parken am Bahnhof oder beim Mariba (Götzingerstraße 12, Neustadt/Sachsen).

**Beste Zeit:** Im Sommer, wenn das Getreide auf den Feldern steht und reife Kirschen an den Bäumen hängen.

**Dauer & Strecke:** 4 Std. reine Fahrzeit, 40 km.

**Ausrüstung:** Taschenmesser und Stoffbeutel für die Kamillenblüten.

---

Wenige Meter vor der tschechischen Grenze verlässt man die Raupenbergstraße und radelt weiter auf der Alten Waldstraße über unbefestigte Wege durch den lauschigen Hohwald, bis man die Straße kreuzt. Auf der anderen Seite geht's auf dem Seifweg in nordwestlicher Richtung geradewegs nach Oberottendorf – natürlich nicht ohne die Schafe am Wegesrand zu grüßen. Es folgt ein knapp drei Kilometer langer Abschnitt auf der Landstraße ins beschauliche Rückersdorf. Ein kurzer Halt an der Dorfkirche lohnt, bevor man die letzten Kilometer zurück nach Neustadt nimmt.

**FAZIT: EINE SEHR ROMANTISCHE TOUR, AUFGRUND IHRER HÖHENMETER ABER NICHT ZU UNTERSCHÄTZEN!**

# SALZ UND PFEFFER

... bei den Umgebindehäusern in Obercunnersdorf 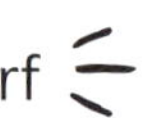

## #34

*Hier muss die Zeit stehen geblieben sein: Im Denkmalort Obercunnersdorf stehen 250 der berühmten Umgebindehäuser und präsentieren sich mit ihren bunten Gärten wie ein Freilichtmuseum. Ein Streifzug durch den Ort und weiter nach Eibau gleicht einer Zeitreise in ein längst vergangenes Landidyll.*



#umgebunden #Landhaus #SlowFood #Mühlenbrot #wiebeiOma

Zu besonderen Anlässen werden in der Schaubackstube der Bockwindmühle Kottmarsdorf Brot und Kuchen gebacken.

Kommt man in den Denkmalort Obercunnersdorf, wird man sich kaum des Eindrucks erwehren können, durch ein altertümliches Spielzeugdorf zu wandeln. Wohin man auch schaut, finden sich links und rechts der malerischen Gassen die aufwendig verzierten Umgebindehäuser mit ihren blumenübersäten Vorgärten. Als liebevoll erhaltene Zeitzeugen berichten sie noch heute von der ländlichen Lebensweise und der Entwicklung einer unvergleichbaren Architektur. Ganz besonders auffällig sind in Obercunnersdorf die kleinteiligen weißen Verzierungen in den sonst schwarzen Schieferfassaden – gern »Salz und Pfeffer« genannt. Wer einmal einen Blick ins Innere eines Umgebindehauses werfen möchte, kann das beispielsweise bei einem Stück Kuchen im Café Brumme (www.brumme.cafe) oder im Museum des Schunkelhauses.

Nach dem Dorfspaziergang leitet eine schmale und wenig befahrene Landstraße am Freibad vorbei den Weg nach Kottmarsdorf. Eine Alternative gibt es an dieser Stelle leider nicht, doch der Weg lohnt: Nach zwei Kilometern entlang von Feldern erreicht man die weithin sichtbare Bockwindmühle. An ausgewählten Tagen finden in der Schauback-

stube Backtage statt (www.kottmarsdorf.de/muehle.htm). Doch auch im Stillstand ist die Mühle mit ihrer idyllischen Lage ein lohnendes Ziel. Von ihr aus führt nun ein umso schönerer Feldweg in die Wälder am Kottmar. An dessen Fuß findet sich versteckt im Grün der Bäume eine der drei Spreequellen. Laut Sage entstanden diese, als der Riese Sprejnik drei Pfeile ins Land schoss, um zu sehen, wie weit er es verteidigen könne. Als man nun versuchte, in Kottmar, Neugersdorf und Ebersbach die Pfeile auszugraben, sprudelte auf einmal frisches Wasser aus dem Boden, das sich kurz darauf zu einem Fluss - der Spree - verband. Diese und andere Sagen erzählen die Tafeln entlang des Sagenpfads, dem man hier ein kleines Stück um den Berg herum folgt. In Waltersdorf angekommen, nimmt man statt der Hauptstraße den kleinen Radweg, der parallel hinter den Häusern durch den Ort verläuft. Auf ihm kommt man unweigerlich zum Faktorenhof im benachbarten Eibau. Der restaurierte Dreiseitenhof beherbergt neben dem barocken Faktorenhaus und dem darin befindlichen Heimatmuseum auch ein uriges Brauhaus samt Sonnenterrasse. Ist einem der Sinn nach gutbürgerli-

---

Hin & weg: Mit der RB61 oder der RE2 nach Eibau, danach mit der Buslinie 36 des KVG Dreiländereck von Eibau, Hotel Hirsch, nach Obercunnersdorf Friedensmahl. Die Wanderung endet in Eibau.

Beste Zeit: An den Backtagen in der Mühle und wenn die Blumen in den Vorgärten blühen.

Dauer & Strecke: 4.30 Std., 16 km.

Ausrüstung: Genügend Platz im Rucksack für ein Mühlenbrot

---

Im Denkmalort Obercunnersdorf stehen allein 250 der insgesamt ca. 6000 Umgebindehäuser der Oberlausitz.

chem Essen, findet man hier in ländlichem Charme die wohlverdiente Rast (www.faktorenhof-eibau.de). Wer lieber etwas feinere Küche mag, muss noch einige Minuten länger durchhalten: Auf dem Beckenberg befindet sich mit der Beckenbergbaude Sachsens erster Bio-Berggasthof. Als zertifiziertes Slow-Food-Restaurant werden hier Kreationen aus ausschließlich regionalen und saisonalen Zutaten serviert – auch vegetarisch und vegan (www.beckenbergbaude.de).

**FAZIT: URIGE LANDHÄUSER, DER DUFT VON ALTEM HOLZMÖBEL, FRISCH GEBACKENER KUCHEN, EIN SPAZIERGANG AM FELD – DIESE TOUR FÜHLT SICH AN WIE EIN BESUCH BEI OMA.**

# AUF EINSAMEN UMWEGEN

## ... zur Bastei und zur Felsenburg Neurathen 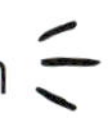

**#35**

*Mit dieser Tour erlebt man zwei der beliebtesten Sehenswürdigkeiten der Sächsischen Schweiz, ohne sich dabei in die Besuchermassen am Großparkplatz einzureihen. Stattdessen genießt man weite Wiesen, die Magie der Schwedenlöcher und ein Picknick am Gamrig.*

#Mustsee #neuentdeckt #PicknickmitAussicht #Elbaussicht

Ursprünglich war die Basteibrücke aus Holz. 1850/51 wurde sie aufgrund ihrer Baufälligkeit durch die heute noch bestehende sandsteinerne Brücke ersetzt.

Die Bastei ist natürlich zu Recht eines der Besucherhighlights der Sächsischen Schweiz. Doch wie es sich mit Highlights so oft verhält, wird es dort mitunter ziemlich voll. Um das Erlebnis trotzdem voll auszukosten, ohne dabei mehr Menschen als Natur gesehen zu haben, beginnt diese Wanderroute nicht etwa in Rathen, sondern an den weiten Wiesen von Porschdorf. Direkt hinter dem Ortsausgang führt ein schmaler Pfad über hügelige Weiden hinunter in ein sumpfiges Tal, wo er sich durch Teppiche dicht gewachsener Sternmieren schlängelt. Besonders im Frühling, wenn die zarten weißen Blüten das Grün sprenkeln,



**Hin & weg:** Von Dresden kommend mit der S1 zunächst nach Bad Schandau, von dort mit der Buslinie 253 des RVSOE zur Bushaltestelle Porschdorfer Einkehr; Parken ist am Bahnhof Porschdorf möglich.

**Beste Zeit:** Ganzjährig begehbar, am besten zeitig am Morgen, um den vielen Besuchern an der Bastei zu entgehen.

**Dauer:** 6 Std., 18 km.

**Ausrüstung:** Proviant und eine Decke für ein Picknick am Gamrig.

Etwa 700 Stufen führen durch die magische Felsenwelt der Schwedenlöcher.

ist die Stimmung an diesem unscheinbaren Ort voller Magie. Von hier aus sind es im Anschluss nur wenige Gehminuten bis zum Gamrig, wo später der Rückweg der Rundtour wieder auf den Hinweg trifft. Da früh die Sonne noch nicht über die Bäume reicht, hebt man sich diesen Abstecher besser für später auf und genießt stattdessen die morgendliche Ruhe in den Schwedenlöchern. Zuvor jedoch streift der Weg das Ufer des Amselsees. Im Sommer ist der malerisch gelegene See ein tolles Ausflugsziel für eine romantische Fahrt mit dem Ruderboot.

Anschließend folgt der steile, aber umso spannendere Aufstieg durch die Schwedenlöcher. Ihren Namen erhielt die Schlucht, als die Bewohner von Rathewalde im Dreißigjährigen Krieg vor den Schweden zwischen die schützenden Felsen flüchteten. Heute lassen sich diese Schrecken zum Glück kaum noch erahnen – stattdessen findet man zwischen den moosbewachsenen Steinformationen einen Ort, an dem es nicht schwer ist, an Elfen und Kobolde zu glauben. Oben angekommen, tauscht man die Märchenbuchkulisse jedoch endgültig gegen den Trubel rund um die Bastei. Der Besucherstrom trägt einen zu den verschiedenen Aussichtspunkten, an denen man der berühmten Brücke und der Felsenburg Neurathen in kollektiver Faszination verfallen kann.

Hat man sich schließlich doch wieder von den Elbaussichten getrennt, geht's über den beliebten Basteiaufstieg zurück ins Tal. An warmen Tagen lockt eine kleine Bude am unteren Ende mit Softeis. Bevor der Weg ab Waltersdorf zurück zum Ausgangspunkt führt, ist es Zeit für eine ausgedehnte Pause am Gamrig, der nun im Licht der Nachmittagssonne liegt. Mit seinen 253 Metern Höhe ragt das freistehende Massiv wie ein Turm in den Himmel und durchstieß dabei sogar Caspar David Friedrichs Nebelmeer. Auf seiner Rückseite finden sich einige höher gelegene Stellen, die sich im Gegensatz zu den Kletterrouten auf der Vorderseite auch leicht ohne Ausrüstung erreichen lassen. Diese Plateaus eignen sich wunderbar für das nunmehr wohlverdiente Picknick mit Ausblick.

**FAZIT: EINE TOUR FÜR ALLE, DIE DAS ERLEBNIS BASTEI MIT EINER TAGESFÜLLENDEN WANDERUNG KOMPLETTIEREN WOLLEN.**

# BALANCE-AKT

… auf dem Berzdorfer See

## #36

*Locker übers Wasser gleiten wie beim Surfen – am Berzdorfer See geht das auch ohne Wellen. Mit einem Stand Up Paddling Board paddelt man auch als Anfänger in ein bis zwei Stunden über den See und wieder zurück. Eine Pause gibt's an den verschiedenen Sandstränden oder der Beach Bar.*

#BlaueLagune #GoodVibesOnly #Paddeln #Beachbar #nass

Mit einem wasserdichten Packsack kann man auch Handy, Portemonnaie und ein Handtuch mitnehmen.

Nur wenige Minuten von den Prachtbauten der Görlitzer Altstadt entfernt, findet sich mit dem Berzdorfer See seit 2013 ein echtes Wasserparadies. Wie die meisten großen Seen der Region entstand auch dieser durch die Flutung eines Tagebau-Restlochs. Etwa fünf Kilometer lang und drei Kilometer breit, wird der Berzdorfer See seither ausgehend von drei Stränden zur Spielwiese für alle Wasserratten. Durch seine Größe eignet er sich demnach auch hervorragend für eine mehrstündige SUP-Tour.

Ausgangspunkt hierfür ist die STRANDBAR Görlitz am Nordstrand des Sees. Neben ihrer gemütlichen Terrasse und dem obligatorischen Imbissangebot gibt's an der Bar auch SUP Boards zum Ausleihen. Wer bisher noch nie auf einem solchen gestanden hat, muss sich keine Sorgen machen: Nach spätestens 30 Minuten steht man sicher auf dem Brett. Dabei gilt: je größer das Board, desto geringer die Gefahr, im Wasser zu landen. Nach einer Proberunde kann es losgehen! Da die Tour über den See zur Blauen Lagune etwa eineinhalb Stunden dauert, ist es sinnvoll, die nötigsten Sachen wie Telefon, Portemonnaie, Sonnencreme, Schuhe und Handtuch in einem wasserfesten Packsack zu verstauen. Eine ausreichend große Flasche Wasser sollte auch unbedingt an Bord sein.

Zug um Zug paddelt man nun durchs glitzernde Wasser. Am besten bewegt man sich dabei in sichtbarem Abstand zum Ufer. Kommt Gegenwind auf oder fühlt man sich unsicher, lässt sich das Board auch problemlos im Knien paddeln. Auf diese Weise erreicht man schneller als gewollt die Halbinsel im Südosten des Sees. Als Orientierungspunkt dient das Hotel Insel der Sinne. Zu diesem gehört

Die Blaue Lagune liegt gegenüber des SUP-Verleihs auf der anderen Seite des Sees. Eine Strecke ist etwa sechs Kilometer lang.

auch eine schmucke Beach Bar samt feinstem Sandstrand. Eine Reservierung zuvor sichert die SUP-Pause (www.inseldersinne.de). Andernfalls findet man wenige Hundert Meter weiter am südlichen Ende der Halbinsel mit dem Hafenstrand eine weitere tolle Möglichkeit zum Anlegen. Von dort aus ist es schließlich auch gar nicht mehr weit zur Blauen Lagune am südlichen Ende des Sees.

---

Hin & weg: Mit der RB 65 zunächst zum Bahnhof Hagenwerder, anschließend mit der Buslinie E des GVB zur Haltestelle Deutsch Ossig (Mai–September); Parkplatz am Nordstrand.

Beste Zeit: SUP-Verleih an der Strandbar während der Sommermonate (www.strandbar-goerlitz.eu).

Dauer & Strecke: Ohne nennenswerte Winde ca. 3 Std. reine Paddelzeit für Hin- und Rückweg.

Ausrüstung: Ein wasserdichter Packsack, Sonnenschutz und ggf. eine Schwimmweste.

---

Der Name ist Programm. Gerade bei Sonnenschein funkelt das Wasser türkisblau vor dem weißen Sand und könnte sich ohne Weiteres mit der Adria messen. Nach einer ausgiebigen Badepause und einem Eis geht's anschließend wieder zurück – entweder erneut rund sechs Kilometer am Ostufer entlang oder etwa sieben Kilometer am landschaftlich schöneren Westufer.

**FAZIT: KEINE SORGE – STAND-UP-PADDLING IST NICHT SCHWER ZU LERNEN!**

# DER FRÜHE VOGEL FÄNGT DEN WURM

... durch die Edmundsklamm zum Prebischtor 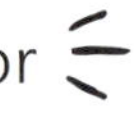

*Einer der vielen Vorteile eines Urlaubs in der Sächsischen Schweiz: Die Knoblauchsuppe ist nie weit! Bei Hřensko erwandert man sie sich auf einer Tour durch die märchenhafte Edmundsklamm bis zum größten Sandstein-Felsentor Europas – Kahnfahrt inklusive.*



#Ahoj #Knoblauchsuppe #instarepeat #fürAslan

Ein besonderes Highlight in der Klamm ist der Kunstwasserfall.

In Hřensko gilt: Wer früh aufsteht, hat mehr vom Tag. Schon lange bevor die Edmundsklamm zu einem gehypten Instagram-Motiv avancierte, waren der kleine Ort hinter der tschechischen Grenze und die Klamm ein beliebtes Ausflugsziel für Familien – zu Recht. Ganz ähnlich wie auch in der Kirnitzschtalklamm verbirgt sich hier zwischen bis zu 150 Meter hohen Felswänden eine märchenhafte Wasserlandschaft. Um den Strom der Besucher buchstäblich zu umschiffen, beginnt man die Tour am besten am Wanderparkplatz in Mezní Louka und begeht die Klamm entgegen der beliebteren Laufrichtung von Hřensko. Schon wenige Hundert Meter später erreicht man den Eingang zur Klamm. Auch wenn man davon spricht, die Edmundsklamm zu besuchen, sind es eigentlich zwei Klammen, die man hier mit dem Kahn durchfährt: die Wilde und die Stille Klamm, wobei

nur die Letztere die Edmundsklamm meint (www.herrnskretschen.de).

Bis ins 19. Jahrhundert hinein galt die Klamm bei den Bewohnern von Hřensko als unüberwindbares Hindernis, obgleich das Wasser für die Holzflößer die Lebensgrundlage war. Erst 1890, als eine Gruppe von fünf Abenteurern auf eine Wette hin die Klamm unbeschadet mit dem Floß durchfuhr, wurde sie auf Geheiß von Fürst Edmund Clary-Aldringen von 200 Arbeitern touristisch erschlossen. Früh

Durch die ganzjährige Kälte in der Klamm entsteht ein sogenanntes Inversionsklima. Auf einer Höhe von 150 Metern wachsen kälteliebende Pflanzen, die es sonst nur in Gebirgslagen gibt.

am Morgen, wenn man meist noch ganz allein unterwegs ist und den ersten Kahn des Tages besteigt, findet man auch tatsächlich noch ihre ursprüngliche Wildheit und Stille. Während die erste Fahrt durch die Wilde Klamm nur wenige Minuten dauert, ist die zweite mit knapp 25 Minuten Fahrzeit deutlich länger und begeistert zudem mit einem Wasserfall. Bei dem Ausflug sei zu beachten, dass es im Gegensatz zur Kirnitzschtalklamm nicht möglich ist, die Edmundsklamm zu durchwandern. Man ist also in jedem Fall auf die Kähne angewiesen.

Am Ende der Edmundsklamm folgt man noch ein kleines Stück dem Wanderweg entlang des Kamnitzbachs durch das wildromantische Tal mit seinen schroffen Felsen. Statt in Hřensko dann wie die meisten Ausflügler in den Bus zurück zum Parkplatz zu steigen, verlängert man die Tour am besten um einen Schlenker zur größten Sandstein-Felsbrücke Europas: dem Prebischtor. Mit einer Spannweite von 26,5 Metern und einer lichten Höhe von 16 Metern ist der Anblick wirklich beeindruckend. Es diente sogar für einige Landschaftsaufnahmen in den »Chroniken von Narnia«. Ebenso leicht wie hinauf geht's im Anschluss wieder hinab nach Mezní Louka. Allerdings sollte man es auf dem Weg – sei es nun in Hřensko im Alten Gaswerk (www.staraplynarna.cz) oder später im Gasthaus Mezní Louka – nicht versäumen, eine Knoblauchsuppe zu probieren, bevor man endgültig den Rückweg antritt.

**FAZIT: DIESE TOUR IST LÄNGST KEIN GEHEIMTIPP MEHR. AUßERHALB DER WOCHENENDEN UND FERIEN ABER DEFINITIV EINEN AUSFLUG WERT.**

---

Hin & weg: Von Königstein kommend mit dem Nationalparkexpress zur Haltestelle Mezní Louka, Hotel (www.festungsexpress.de); Parken am Wanderparkplatz in Mezní Louka.

Beste Zeit: April–Oktober, da sonst keine Kähne fahren.

Dauer & Strecke: 6 Std., 18 km.

Ausrüstung: Einen Pullover extra für die kühle Klamm (auch im Sommer).

---

# SONNEN-HEILIGTUM

… auf dem Oberlausitzer Bergweg zum Bieleboh

*Ein Spalt im Fels, durch den nur zur Tag-undnachtgleiche das Licht der Sonne fällt – ein Ort, wie man ihn nur auf Schatzkarten vermuten würde, wohl aber kaum auf einem Berg, der sich Kälbersteine nennt. Der Oberlausitzer Bergweg führt geradewegs zu dem mystischen Ort.*



#Bergland #Tagundnachtgleiche #Sonnenanbeter #Bieleboh

Während der erste Teil des Wegs noch am Wasser verläuft, dominiert sonst der Wald die Landschaft.

Schon im alten Ägypten, in Indien und in Mexiko ließen Könige gewaltige Sonnentempel errichten, um mit ihnen die heilige Kraft der Sonne und ihrer Götter zu preisen – aber auch, um mit ihnen markante Kalendertage und Jahreszeiten zu bestimmen. Doch nicht immer braucht es dafür einen Tempel, auch hierzulande finden sich viele sagenumwobene Orte, meistens Felsen mit kleinen Sichtöffnungen, durch die nur zur Sonnenwende oder der Tagundnachtgleiche das Licht der Sonne fällt. In solchen seltenen Momenten scheint es, als könne man direkt nach ihren Strahlen greifen.

So ist es für Sonnenanbeter und Hobby-Astronomen ein glücklicher Zufall, dass einer dieser Steine leicht erreichbar direkt am Oberlausitzer Bergweg liegt (www.oberlausitzer-bergweg.de). Über 107 Kilometer führt der Weg aus dem Töpferort Neukirch auf sechs Etappen bis nach Zittau. Einige Abschnitte lassen sich dank guter Anbindung jedoch auch als Tagestour erwandern – so auch jener von Sohland an der Spree bis nach Neusalza-Spremberg.

Lang lässt das Sonnenheiligtum nicht auf sich warten: An der Spree und dem schimmernden Stausee vorbei geht's immer hinauf zum Gipfel der Kälbersteine mit seinem geheimnisumwitterten Felsmassiv. Mögen die Stimmen der Wissenschaft zur kalenderastronomischen Bedeutung der Oberlausitzer Sonnenheiligtümer auch kontrovers sein, so erlebt man hier zur Tagundnachtgleiche doch ein seltenes

---

**Hin & weg:** Von Dresden oder Zittau kommend mit der RB61/RE2 nach Sohland an der Spree, der Bahnhof des Zielortes Neusalza-Spremberg liegt ebenfalls an der Strecke von RB61/RE2.

**Beste Zeit:** Am schönsten unter bunten Blättern, besonders interessant auch an den beiden Tagen der Tagundnachtgleiche.

**Dauer:** 5.30 Std. für 19,8 km ohne Einkehr.

**Ausrüstung:** Eine selbstgemachte Pflanzenpresse für die schönsten Herbstblätter.

---

In Beiersdorf lohnt ein Abstecher in den kleinen Hofepark am alten Rittergut.

Naturschauspiel. Aber auch an allen anderen Tagen im Jahr begeistert unabhängig astroarchäologischer Phänomene die Aussicht auf die umliegende Berglandschaft.

Von nun an führt der Weg ohne größere Anstrengungen auf schmalen Pfaden durch bunte Wälder immer in Richtung Bieleboh. Dabei ist nur einmal die Landstraße zu überqueren, bevor man gleich wieder in die schillernden Schatten des bunt gefärbten Waldes eintaucht. Nach etwas mehr als der Hälfte der Tour erreicht man so das beliebte Ausflugsziel. Bei einer Pause kann man hier den 15 Meter hohen Aussichtsturm besteigen und den erwanderten Hunger in der Berggaststätte mit fein zubereiteten deftigen oder leichten Gerichten stillen. Eine besondere Erwähnung verdient der hausgemachte Kalte Hund (www.bieleboh.de)!

Der anschließende Weg nach Neusalza-Spremberg führt zunächst vom Bieleboh über weite Wiesen hinab und dann durch Wälder und Felder geradewegs zum Ziel. Auch wenn dieses letzte Stück nicht mit weiteren Wanderhighlights aufwarten kann, so liegt sein Charme vor allem in der herrlichen Stille und dem ungetrübten Blick in die Natur. Angekommen am Bahnhof, bringt einen der Zug zurück zum Ausgangspunkt. Dabei sollte man nur den Fahrplan im Blick behalten, um nicht zu lang auf den nächsten Zug zu warten.

**FAZIT: EINE SPANNENDE TOUR FÜR SONNENANBETER, ABER AUCH FÜR ALLE, DIE LIEBER IRDISCHEN GELÜSTEN IN EINER HERVORRAGENDEN BERGGASTSTÄTTE FRÖNEN.**

# ZWISCHEN HIMMEL & HÖLLE

... über den Carolafelsen ins Bio-Dorf Schmilka

*Über Stiegen und Leitern geht es durch wilde Schluchten steil hinauf zu aussichtsreichen Felsen. Auch außerhalb der Wilden Hölle führen dabei viele Wegabschnitte über Stufen durch Wald und Gestein. Ein Stück frisch gebackener Kuchen an der Mühlenbäckerei Schmilka stärkt nach der Kraxelei.*



#WildeHölle #KaffeeundKuchen #steilhinauf #Weitblick

Der Carolafels ist Teil der Affensteine und mit 458 Metern ihr höchster Punkt.

Zeitig am Morgen ist der Wanderparkplatz Nasser Grund an der Kirnitzschtalstraße noch leer und die Wanderwege liegen in der Stille des Waldes. Zeit, die Wanderschuhe zu schnüren und den Weg in die Wilde Hölle zu wagen! So nämlich heißt die Schlucht, durch die man hier nach einem kurzen Zustieg gleich zu Beginn der Wanderung kraxelt. Über Leitern, in Stein geschlagene Stufen und Stiegen geht es auf schmalen Wegen zwischen den Felswänden Schritt für Schritt hinauf. Dabei braucht es schon mal alle viere! Im Gegensatz zur Hölle des Teufels ist diese aber so gar nicht heiß, sondern hält die eisige Kälte der Herbstnacht zwischen den Felsen in sich gefangen. So wildromantisch und abenteuerlich das Erlebnis in der Schlucht auch ist, zieht es einen deshalb an kalten Tagen regelrecht in Richtung Licht – klar, denn im Himmel ist es bekanntlich schöner als in der Hölle.

Am oberen Ende der Schlucht angekommen, erwartet einen bereits die erste Aussicht der Tour. Nur noch ein paar letzte Holzstufen und schon steht man auf dem Carolafelsen mit Blick auf ein Meer bunter Bäume, aus dem

Ein ganzes Dorf in Bio! In Schmilka haben sich alle Institutionen - vom Hotel, über die Brauerei, die Gastronomie, bis zum Badehaus - dem Bio-Gedanken verschrieben.

sich fantasievoll benannte Felsen wie Domwächter, Affenwand und Gespaltener Kopf erheben. Über den Reitsteig und den Lehnsteig geht es die nächsten Kilometer vergleichsweise gemütlich unter buntem Herbstlaub bergab in Richtung Schmilka. Bei guter Sicht lohnen sich auch die Abzweige zu den Aussichten am Dorn und an der Lehnkuppel.

Nach dem Auf und Ab über die vielen Stufen gleicht die historische Mühlenbäckerei in Schmilka einer Oase in der Wüste. Bevor man die Mühle überhaupt sieht, dringt einem der Duft von frisch gebackenem Kuchen in die Nase. Jeden Tag ab zwei Uhr morgens stehen die Bäcker wie schon vor 350 Jahren in der Backstube und heizen die traditionellen Holzbacköfen für das knusprig-frische Brot und die wagenradgroßen Kuchen ein. In der Mahlmühle gegenüber wird dafür sogar heute noch der Dinkel gemahlen. Ein hölzerner Graben neben der romantischen Terrasse leitet plätschernd das nötige Wasser zum Mühlrad. Gleich nebenan in der ersten Braumanufaktur der Sächsischen Schweiz bekommt man außerdem ein leckeres Bio-Bier für unterwegs. Sowohl in der Mühle als auch in der Braue-

**Hin & weg:** Von Bad Schandau mit der Kirnitzschtalbahn oder der Buslinie 241 des RVSOE zur Haltestelle Nasser Grund; Parken kann man am gleichnamigen Wanderparkplatz.

**Beste Zeit:** Im Herbst, wenn man kilometerweit über bunte Wälder blicken kann.

**Dauer & Strecke:** Knapp 5 Std., 13,5 km. Mit Einkehr und Ausblicken gut 7 Std.

**Ausrüstung:** Feste Schuhe und Platz im Rucksack für ein Mühlenbrot.

rei werden regelmäßig Führungen angeboten (www.schmilka.de/gastronomie).

Nach der verdienten Kuchenpause folgt der letzte Teil der Wanderung. Über noch mehr Stufen geht es von der Elbe über den Bergkamm zurück ins Kirnitzschtal. Bevor die Tour jedoch zu Ende ist, lohnt sich ein letzter Abstecher zum Aussichtspunkt an der Breiten Kluft mit einem abschließenden Blick ins herbstlich leuchtende Elbtal.

**FAZIT: EINE ABENTEUERLICHE TOUR MIT KLEINEN KLETTERPASSAGEN UND VIELEN WEITBLICKEN. EINE KUCHENPAUSE BEI DER MÜHLENBÄCKEREI MACHT DAS ERLEBNIS KOMPLETT.**

# ADVENT, ADVENT, EIN LICHTLEIN BRENNT

## #40

*Die kleine Gipfeltour punktet nicht nur mit spektakulären Weitblicken! Zur Adventszeit erlebt man in der Lichterhöhle am Kleinhennersdorfer Stein ein magisches Weihnachtsritual. Kalte Füße wärmt man später am besten bei einem Käse-Fondue am heißen Kachelofen in der Berghütte am Papststein.*

#Winterwunderland #Erleuchtung #Weihnachten #sovielHeimlichkeit

Im Winter ist es manchmal gar nicht so leicht, im Schnee den Weg zu finden. Eine Gelände-App wie komoot oder Outdooractive hilft.

Oberhalb des Kurortes Gohrisch liegen versteckt in den Wäldern die Tafelberge Gohrisch, Papststein und Kleinhennersdorfer Stein. Wie eine Acht führt die Wanderung vom Parkplatz Galgenschänke zunächst auf den typisch weichen Waldwegen des Elbsandsteingebirges mitten hinein zwischen die Bäume und in einem Bogen zur Westseite des Gohrisch. Während an eisfreien Tagen der steile Aufstieg durch die Falkenschlucht sicherlich noch viel spannender ist, ist es bei Glätte doch ratsamer, den leichteren Weg über die ausgeschlagenen Stufen zu wählen. Nach nicht einmal zehn Minuten erreicht man so auch schon den Gipfel mit Blick auf den Lilienstein. Doch selbst, wenn Wolken das Panorama verhängen, lassen die Bäume, die sich eisern an den Fels klammern, ein mystisches Landschaftsbild entstehen.

Vorbei an dem kleinen Pavillon geht's auf der Ostseite über Stiegen wieder hinab und zurück zum Parkplatz. Nun warmgelaufen, folgt auf der anderen Seite der Straße der zweite Teil der Wanderung. Stufe um Stufe windet sich der Weg hinauf zum Papststein mitsamt der atemberaubenden Rundumsicht über die Sächsische Schweiz. In der kalten Jahreszeit,

**Hin & weg:** Von Bad Schandau mit der Buslinie 244 des RVSOE zur Haltestelle Papststein, Papstdorf; Parken am Wanderparkplatz Galgenschänke.

**Beste Zeit:** Zur Adventszeit, wenn die Lichterhöhle mit Kerzen erleuchtet ist.

**Dauer & Strecke:** 3 Std., 6,5 km. Mit Lichteln und Fondue gut 5 Std.

**Ausrüstung:** Teelichter und eine Mülltüte für die Lichterhöhle, Spikes bei frostig-nassem Wetter.

Mit dem kurzen Zustieg eignen sich Gohrisch und Papststein auch hervorragend für eine Wanderung zum Sonnenauf- oder -untergang.

wenn auch der Aufstieg im Dunkeln beleuchtet ist, serviert die Berghütte an ausgewählten Wochentagen in der kuscheligen Wärme des Kachelofens hausgemachtes Käsefondue nebst einem guten Tropfen aus der Region (www.berggast.de/papststein).

Um zu erleben, wie sich dabei die Dunkelheit des Winters über die Landschaft senkt, ist es allerdings ratsamer, diesen zweiten Teil der Wanderung in entgegengesetzter Richtung zu laufen und sich den Papststein für den Schluss aufzusparen. Sonst würde man womöglich noch die Lichterhöhle am Kleinhennersdorfer Stein verpassen. Tief im Fels befindet sich dort ein Ort, der die Magie, die kindliche Vorfreude und all die Heimlichkeiten in sich birgt, die die Weihnachtszeit erfüllen. Der Hohlraum ist einer der größten der Region: 21 Meter tief und 14 Meter breit – ein Relikt des Bergbaus und später beliebter Treffpunkt für Romantiker. Am 11. Dezember 1924 entstand, als Kerzen und Grubenlampen die Dunkelheit erleuchteten, das erste bekannte Foto der Lichterhöhle und begründete damit einen Weihnachtsbrauch, der bis heute besteht. Doch wie es sich mit heimlichen Bräuchen so oft verhält, sollte man sich nicht auf sie verlassen. Am besten packt man genügend Teelichter ein, denn vielleicht ist man in diesem Jahr sogar selbst die Person, die das wundersame Adventsritual am Kleinhennersdorfer Stein fortführt.

**FAZIT: EINE AUFREGENDE GIPFELTOUR, GANZ BESONDERS ZU WEIHNACHTEN, WENN DIE HÖHLE AM KLEINHENNERSDORFER STEIN IM KERZENSCHEIN ERSTRAHLT.**

# DA BLEIBT EINEM DIE SPUCKE WEG

... in Bernstadt auf dem Eigen

*Große Kulleraugen und kuschelig warmes Fell: Alpakas sind nicht nur lustig anzusehen, sondern auch ernst zu nehmende und sanfte Wegbegleiter. Auf dem Hof des Oberlausitzer Alpakaland e.V. lädt Familie Hanspach zu einem ganz besonderen Naturerlebnis ein.*

Nach der Eroberung Perus durch die Spanier wären die Alpakas beinah ausgestorben – ein Glück, dass es dazu nicht kam!

Beim Outdoorsport heißt es oft »höher, schneller, weiter«. Wie wäre es stattdessen aber mit bewusster, langsamer und – vor allem – lustiger? Südlich von Görlitz, im unscheinbaren Ort Bernstadt auf dem Eigen, hat sich Familie Hanspach 2014 den Alpakas verschrieben. Seit dem 12. Jahrhundert ist der urige Vierseitenhof schon im Besitz der Familie, erstmalig aber leben hier nunmehr knapp 20 der drolligen Tiere. Doch neben ihrer urkomischen Erscheinung verfügen Alpakas über eine Superkraft: Sie lassen uns unseren Alltag vergessen. Wer eines der wolligen Geschöpfe führen möchte, muss sich voll und ganz auf das Tier konzentrieren, denn Alpakas haben zwar ein sanftes und gutmütiges Wesen, spiegeln aber auch unweigerlich sämtliche Emotionen der Menschen, die sie umgeben. Bringt man also Alltagsstress oder Unruhe in den Stall, wird man durch das Tier im positiven Sinne gezwungen, alle Sorgen zu vergessen.

Nicht umsonst gelten Alpakas als anerkannte Therapietiere. Diese Eigenschaften machen sie darüber hinaus auch zu idealen Weggefährten: Unter Anleitung und in Begleitung eines Mitglieds der Familie Hanspach unternimmt man gemeinsam mit »seinem« Alpaka

---

Hin & weg: Von Görlitz kommend mit der Buslinie 67 der Regionalbus Oberlausitz GmbH zur Haltestelle Blumengarten, Altbernsdorf auf dem Eigen.

Beste Zeit: Ganzjährig buchbar, am schönsten aber im Winter, wenn man sich an den Alpakas warmkuscheln kann.

Dauer: Für ein entspanntes Erlebnis mindestens ein halber Tag.

Ausrüstung: Eine Kamera, um all die lustigen Gesichtsausdrücke festzuhalten.

---

Alpakawolle zählt zu den wertvollsten Naturfasern der Welt. Durch die extremen Temperaturschwankungen in den Anden hat die Wolle besonders ausgeprägte thermoregulierende Eigenschaften.

nach der Hofführung eine Wanderung durch die Natur (www.oberlausitzer-alpakaland.de).

Was am Anfang noch etwas ungewohnt und albern erscheint, entfaltet spätestens im Zauberwald, wie ihn die Hanspachs nennen, seine meditative Wirkung. Zusammen geht es über Stock und Stein und entlang des wild mäandernden Bachs. Nach und nach wird der Umgang mit dem Alpaka sicherer, die Leine länger und die letzten Gespräche verstummen. Was bleibt, ist das Geräusch der Schritte, die Wärme des Alpakas, der gemeinsame Blick in die Landschaft und hin und wieder ein lautes Lachen, wenn die Tiere sich zu einem besonders komischen Gesichtsausdruck hinreißen lassen. Angst vor Spuckattacken braucht man dabei nicht zu haben, denn auch wenn sich dieses Vorurteil eisern hält, spucken Alpakas allenfalls untereinander, wenn es um das Futter oder die Rangordnung geht. Nach der einstündigen Tour möchte man den liebgewonnenen Freund gar nicht mehr hergeben. Umso besser, dass man auch nach der Wanderung noch auf dem Hof bleiben kann, so lange man möchte. Während man im Sommer die Zeit dann beispielsweise bei Kaffee und Kuchen an den Weiden verbringt, sitzt man im Winter bei Tee im wohlig warmen Stall und lauscht den Tieren beim Mampfen des Heus.

**FAZIT: DIE WOHL KUSCHELIGSTE WANDERUNG, DIE DIE OBERLAUSITZ ZU BIETEN HAT!**

# EISIGE GIGANTEN

## … durchs Polenztal zur Gautschgrotte

#42

*Ist der Winter kalt genug, verwandelt er das Polenztal in eine zauberhafte Eiswelt: Der Fluss wird gerahmt von Eiszapfen, in der Gautschgrotte bildet sich sogar eine fast 20 Meter hohe Eissäule. Doch selbst nach der Schneeschmelze besticht das Tal mit einem weiteren einzigartigen Naturschauspiel …*

#Tropfeissäule #frostig #Burgbesuch #Balkonien

An vielen Stellen rauscht die Polenz wie ein Wildbach durchs Tal. Entlang ihres Laufs haben sich zahlreiche wertvolle Biotope erhalten.

Ein bisschen Glück mit dem Wetter braucht es schon, um Zeuge des eisigen Naturschauspiels an der Gautschgrotte zu werden. Wenn es im Winter aber tatsächlich lang und kalt genug friert, entsteht in der imposanten Grotte mit ihren 18 Meter hohen Felswänden eine riesige Tropfeissäule - so hoch wie die überhängenden Felsen selbst. Aber auch die Wege zu und von der Gautschgrotte sind im Winter ein echtes Erlebnis.

Während vom Ausgangspunkt am Gasthaus Polenztal ein wildromantischer Pfad über Wurzeln und Holzbrücken entlang eines Bachs hinaufführt, schließen sich oben märchenhafte Waldwege an. Letzteren folgt man entspannt und sanft bergan bis zum Brand. Die Aussicht vom Berg wird nicht umsonst auch als Balkon zur Sächsischen Schweiz bezeichnet. In 170 Metern Höhe über dem Polenztal bietet sich ein Panorama vom Basteigebiet bis zu den Schrammsteinen und bei guter Sicht sogar bis ins Erzgebirge und ins Böhmische Mittelgebirge. Das Gasthaus am Brand versorgt die Wanderer ganzjährig mit Leckereien regionaler Produzenten, beispielsweise Forellen aus Rathmannsdorf, Ziegenkäse aus Lauterbach oder Galloway-

**Hin & weg:** Von Pirna kommend mit den Buslinien 236 und 237 des RVSOE zur Haltestelle Hohnstein, Polenztal; Parken am Gasthaus Polenztal.

**Beste Zeit:** Im Winter, wenn in der Gautschgrotte der gefrorene Wasserfall entsteht, oder im März, wenn die Märzenbecher blühen.

**Dauer & Strecke:** 5 Std., 14 km.

**Ausrüstung:** Im Winter nicht ohne Spikes losgehen.

Da der Weg teilweise sehr steil ist, sollte man ihn an schneereichen Tagen nur mit Spikes begehen.

Fleisch aus Waitzdorf (www.brand-baude.de). Nach dem steilen Abstieg vom Brand macht der Weg eine Kehrtwende und führt nun ohne nennenswerte Höhenmeter durch das winterliche Polenztal zurück zum Ausgangspunkt. Dabei stapft man immer entlang des Flusses, der sich wie ein eisblaues Band plätschernd in zahlreichen Schleifen durch Schnee und Eis schlängelt. An besonders kalten Tagen bilden sich auch hier an den Felswänden des canyonartigen Tals kleine und große Eiszapfen, die das Bild des Winterwunderlands komplettieren. Doch selbst wenn das Eis längst geschmolzen ist, hält das Polenztal ein weiteres Naturspektakel bereit: Wenn im März die ersten Sonnenstrahlen ihren Weg zwischen die Felsen gefunden haben, blüht im Tal das größte natürliche Vorkommen an wildwachsenden Märzenbechern in Deutschland.

Wer auf dem Weg aufmerksam war, wird mit Sicherheit zwischen den Bäumen auch den einen oder anderen Blick auf die Burg Hohnstein erhascht haben. Um sich von der beeindruckenden Lage am Rand der steilen Klippen ein besseres Bild zu machen, lohnt sich im Anschluss an die Tour ein Abstecher zum gut erhaltenen Burggelände. Erstmals 1353 urkundlich erwähnt, erlebte die Burg bis heute eine wechselvolle Geschichte. Diese liest und erlebt man im Museum, auf dem Aussichtsturm oder auch im Burggarten.

**FAZIT: EIS IM WINTER, EIN MEER AUS MÄRZENBECHERN IM FRÜHLING – DAS POLENZTAL HÄLT IMMER ÜBERRASCHUNGEN PARAT.**

# 3. KAPITEL MINIURLAUB

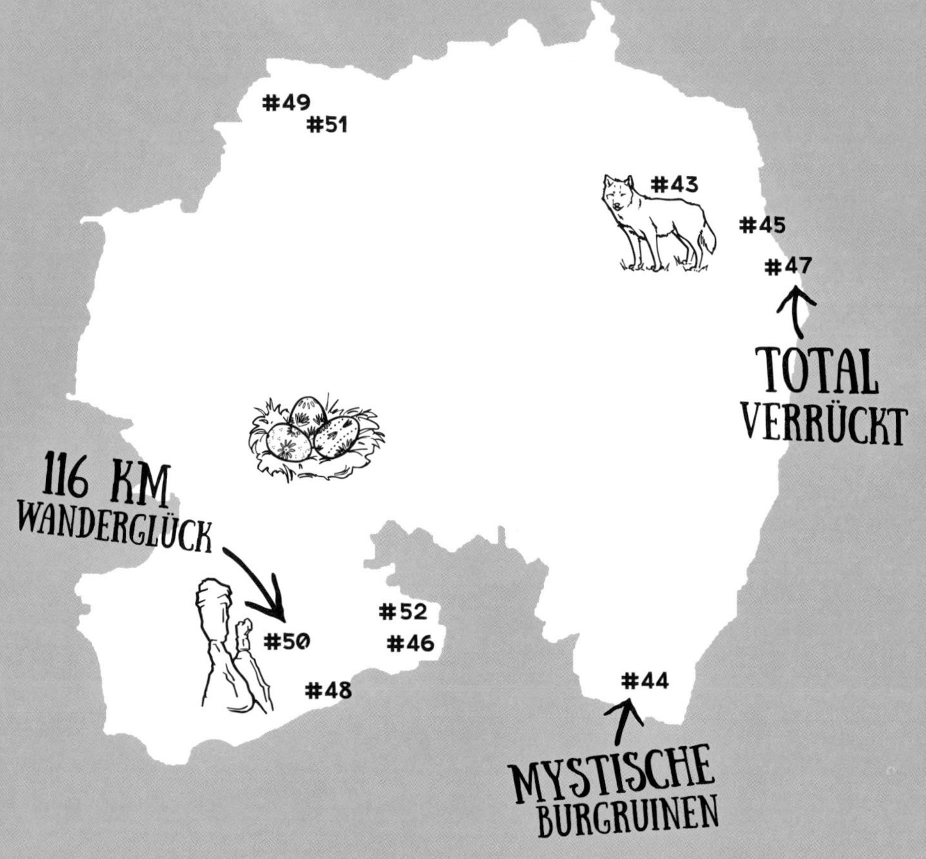

# Ferien für ein Wochenende

*Ein Bett im Baumwipfel, eine Kajüte auf dem Floß oder ein Biwak unter freiem Himmel - wenn diese Schlafplätze kein Wochenend-Abenteuer versprechen, was dann!?*

# 36H

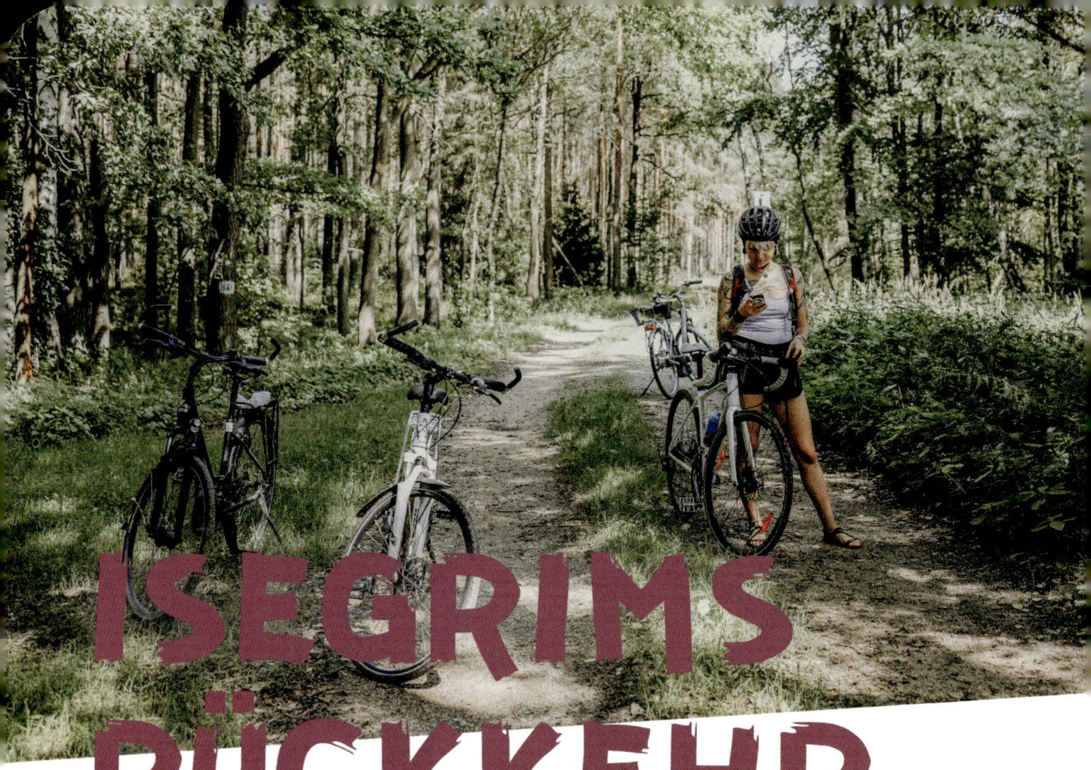

# ISEGRIMS RÜCKKEHR

... am Museumsdorf Erlichthof

## #43

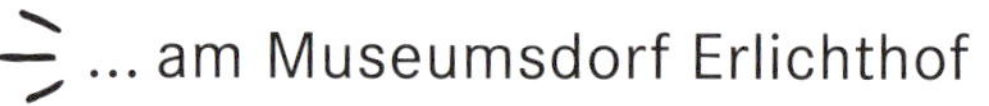

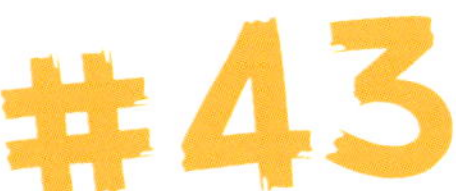

*In Rietschen wird das Fahrrad zur Zeitmaschine! Mit ein bisschen Schwung katapultiert es seine Fahrer bei einer Tour auf dem Wolfsradweg in ein uriges Heidedorf des 19. Jahrhunderts. Am Erlichthof gibt's dabei viel zu sehen und zu erleben – nicht zuletzt die spannenden Exkursionen ins Wolfsrevier.*

#lebendigesMuseum #Schrotholzscheune #Spurensuche #Kleinod

Am Erlichthof finden das ganze Jahr über zahlreiche Veranstaltungen für Kinder, Familien und Erwachsene statt.

Während in der Oberlausitz schon jedes einzelne erhaltene Schrotholzhaus ein kleines Highlight für sich ist, schmiegen sich die urigen Häuser und Scheunen am Erlichthof dicht an dicht. Die denkmalgeschützten Bauten, mitunter bis zu 300 Jahre alt, stammen allesamt aus Dörfern, die dem Braunkohleabbau weichen mussten. Behutsam wurden sie deshalb abgetragen und am Erlichtteich originalgetreu zu einem Museumsdorf arrangiert. Die dicke Staubschicht sucht man jedoch vergeblich: In den Holzhäusern findet man beispielsweise kleine Werkstätten, einen Hof- und Naturladen, die Steinofenbäckerei, das Scheunencafé, Ferienwohnungen und – nicht zuletzt – eine spannende Dauerausstellung zum Thema Wolf (www.erlichthofsiedlung.de).

Nachdem 1998 das erste Wolfspaar nach Sachsen zurückkehrte, ist das Thema in der Region groß: 31 Wolfsterritorien wurden 2020 in Sachsen gezählt – rund zwei Drittel befin-

den sich in der Oberlausitz und zwei von ihnen in unmittelbarer Nähe zum Erlichthof. Angst muss man vor den scheuen Tieren jedoch keine haben. Mehrmals pro Monat finden am Erlichthof neben vielerlei anderer Veranstaltungen Exkursionen ins Wolfsgebiet statt. Gemeinsam mit einem Ranger begibt man sich dabei auf die Spuren des einst gefürchteten Tiers und lernt nicht nur, seine Fährten zu lesen, sondern auch, wann und wie sich Wild-

Naturführer Stephan Kaasche zeigt, wo und wie man die Spuren von Wölfen und anderen Waldbewohnern erkennen kann.

tiere am besten beobachten lassen. So sollte man am besten die Dämmerstunden wählen, lieber still abwarten als gehen und sich in Sichtweite zu Orten platzieren, an denen häufiger Wildwechsel stattfindet – beispielsweise am Koppelgraben hinterm Erlichthof, den die Tiere gern zum Trinken aufsuchen. Um die morgendlichen und abendlichen Beobachtungszeiten nutzen zu können, übernachtet man am besten direkt auf dem Hof.

Nach einem ersten spannenden, aber ruhigen Tag folgt am nächsten das sportliche Kontrastprogramm: der Wolfsradweg zwischen Rietschen (sorb. Rěčicy) und der Neiße. Hat man kein eigenes Fahrrad dabei, kann man am Erlichthof eines leihen. Damit geht's anschließend immer der Wolfspfote hinterher durch das idyllische Teichgebiet nach Daubitz (sorb. Dubc), Walddorf und schließlich an die Neiße. Am Weg finden sich nicht nur herrliche Wasserlandschaften und Vogelbeobachtungsplätze, sondern auch die passenden Informationstafeln zum Wolf. Nach einem kurzen Abstecher auf dem Oder-Neiße-Radweg wendet man sich bei Ungunst wieder nach Westen. Für diesen folgenden Abschnitt sollte man im Spätsommer besonders viel Zeit einplanen, da hier kilometerweit Heidelbeersträucher den Waldboden zieren. Sind die Körbe voll, gelangt man hinter dem öffentlichen Wildgehege in Stannewisch auf dem Radweg neben der B115 zurück nach Rietschen.

**FAZIT: NATURERLEBNISSE, EXKURSIONEN, KREATIVKURSE ODER EINFACH NUR EIN BISSCHEN NOSTALGIE – DER ERLICHTHOF IST EIN ECHTES KLEINOD!**

---

Hin & weg: Von Görlitz oder Cottbus kommend mit der RB 65 nach Rietschen.

Beste Zeit: Im Sommer, wenn die Dämmerung lang ist und die Heidelbeeren reif sind.

Dauer & Strecke: 2 Tage, ein Tag für die Exkursion und den Erlichthof, 3 Std. reine Fahrzeit für den Wolfsradweg, 41 km.

Ausrüstung: Fernglas und Campingstuhl zur Tierbeobachtung und ein Körbchen für die Beeren.

Wenn es Nacht wird: Übernachtung auf dem Caravanplatz oder in der Pension bei Familie Jagiela direkt im Erlichthof (www.jagiela-erlichthof.de).

---

# SAFARI IM STEINZOO

... in und um Oybin durchs Zittauer Gebirge

*Papageien, Elefanten, Eisbären ... die Rede ist nicht etwa von einem Besuch im Zoo, sondern von den Felsen im Zittauer Gebirge. Rund um die zauberhaften Kurorte Oybin und Jonsdorf verstecken sich jede Menge steinerne Tiere und leiten den Weg zur Felsenburg und dem höchsten Gipfel der Region.*

#BrütendeHenne #Fantasie #Burgruine #Dampflok #Lausche

Kurz vor Oybin steht eine Herde »Elefanten« im Wald.

Wer glaubt, verrückte Felsbezeichnungen gäbe es nur in der Sächsischen Schweiz, hat sich geirrt. Eine Wanderung im Zittauer Gebirge gleicht einer Safari. Die vielleicht schönste Tour führt auf einem Rundweg in den Kurort Oybin. Schon kurz hinter dem Wanderparkplatz an der Teufelsmühle taucht man ein in den Wald mit seinen steinernen Tieren: Da sitzt die Brütende Henne neben ihrem Küken, und hinter der Töpferbaude nehmen Schildkröte und Saurier ein Sonnenbad. Am besten tut man es Letzteren gleich und genießt eine Jause auf der aussichtsreichen Terrasse (www.toepferbaude.de).

Weiter geht's auf wildromantischen Pfaden zum Scharfenstein. 25 Meter ragt der freistehende Fels empor und bringt zumindest die schwindelfreien Wanderer auf einer schmalen Leiter über die Baumkronen. Vom kleinen Plateau erblickt man das Ziel der Wanderung, die Burg Oybin, und schaut bei guter Sicht bis ins Riesengebirge. Anschließend setzt man die Safari entlang eines Felsmassivs mit allerlei Ausgucken fort. Durch schmale Felsspalten betritt man dort den Muschelsaal oder schaut von der Taube zu den Elefantensteinen, bevor man vorbei an Ameise und dem Eisbär Riff an den Fuß der Felsenburg Oybin gelangt. Ursprünglich im Spätmittelalter als Wehranlage errichtet, wurde sie später um eine Kirche und ein Kloster ergänzt und erwies sich in den kommenden Jahrhunderten als uneinnehmbare Festung. Im Zuge der Reformation wurde

Für die Burg Oybin sollte man zwei bis drei Stunden Zeit einplanen. Der Geschichtspfad führt entlang von 31 Stationen durch die Anlage.

das Kloster jedoch aufgegeben und ein Felssturz besiegelte 1681 den Zerfall der Anlage. Angezogen von der Mystik der Ruine, besuchten sie zahlreiche Maler der Romantik, wobei auch kein Geringerer als Caspar David Friedrich die alten Fassaden zu einem seiner Motive auserkor (www.burgundkloster-oybin.com).

Anschließend an die ereignisreiche Wanderung bekommt man auf der elysischen Terrasse am Holzwerk Oybin sündhafte hausgemachte Kuchen - nicht selten auch mit Zutaten aus dem hauseigenen Garten. Nur gut, dass man in dem charmanten Landhaus auch gleich ein passendes Quartier findet.

Mit noch mehr Zeit für die Felsenstadt lohnt am nächsten Tag auch eine romantische Fahrt mit der Schmalspurbahn nach Jonsdorf (www.zittauer-schmalspurbahn.de). Von dort erwandert man bei einer kurzen Tour auf sandigen Wegen den imposanten Steinbruch Schwarzes Loch, den höchsten Gipfel der Oberlausitz - die Lausche - und das Labyrinth der Nonnenfelsen. Wenn es etwas actionreicher sein darf, lassen sich Letztere auch über einen Klettersteig (Schwierigkeitsgrad 4-C/D) erklimmen. Klettersteigsets leiht man zum Beispiel am hiesigen Kletterwald (www.kletterwald-zittauergebirge.de). Wer es lieber ruhiger mag, findet am Fuß der Nonnenfelsen, aber auch einen Gondelteich samt Bootsverleih und die Waldbühne mit ihrem abwechslungsreichen Programm (www.g-h-t.de).

**FAZIT: WANDERSAFARI, KLETTEREI, BURGBESUCH & DAMPFLOKFAHRT – DIESER URLAUB LÄSST KEINE LANGEWEILE ZU!**

---

**Hin & weg:** Mit der RE 2, der RB 61 oder der RB 65 nach Zittau und von dort mit der Schmalspurbahn nach Oybin; Parken am Wanderparkplatz Teufelsmühle.

**Beste Zeit:** Die Schmalspurbahn verkehrt ganzjährig, auch die Burg kann sommers wie winters besucht werden.

**Dauer & Strecke:** Zwei Tage. Rundtour Oybin 5 Std., 13 km; Gipfeltour zur Lausche 4 Std., 11 km.

**Ausrüstung:** Genügend Fantasie, um alle Steintiere zu finden.

**Wenn es Nacht wird:** Übernachtung bspw. im Holzwerk Oybin (www.holzwerk-oybin.de), in den Tinyhouses der Red Rock Lodge oder mit bis zu 6 Personen im Oybiner Blockhaus.

---

# NICE TOUR

## ... auf dem Grenzfluss

*Verheißungsvoll plätschert die Neiße in der heißen Sommerluft ... wie gut täte doch jetzt eine Abkühlung! Also ab ins Boot und rauf auf den Fluss! An zwei Tagen paddelt man gemütlich von Rothenburg nach Bad Muskau – doch nicht nur. Die eine oder andere wilde Überraschung hält die Fahrt noch bereit.*

#Wildwasser #Grenzgänger #Wasserkraft #Flusswandern #Paddeln

In den unkippbaren Schlauchbooten kann man bedenkenlos durch die Stromschnellen und die natürlichen Gefälle hinuntersausen.

Entsprungen im Isergebirge in Tschechien, fließt die Lausitzer Neiße immer nordwärts, bevor sie erst in die Oder und diese schließlich ins Stettiner Haff mündet. Mit 254 Kilometern ist sie der längste der Neiße-Flüsse und bildet einen Teil der deutsch-polnischen Grenze. Dabei bettet sie sich mal schnell, mal langsam fließend in die saftig grünen Wald- und Wiesenlandschaften der (Ober-)Lausitz.

Während man Landschaften wie diese doch meistens von außen betrachtet, ermöglicht Neiße Tours einen abenteuerlichen Perspektivwechsel: Gemeinsam mit mindestens drei Familienmitgliedern oder Freunden verlässt man in Rothenburg das Ufer und tauscht es für die kommenden beiden Tage gegen ein munter schwankendes Schlauchboot (www.neisse-tours.de). Ausgestattet mit Lunchpaket und Streckenkarten geht's am ersten Tag in etwa sechs Stunden von Rothenburg nach Klein Priebus. Umgeben von Wiesen, Schilf und Bäumen wird man dabei unweigerlich jede Menge Vögel, Libellen, Schlangen und Frösche beobachten können – und vielleicht ja sogar einen Biber. Wichtig ist jedoch, nicht zu dicht ans Ufer heranzufahren, um die Tiere nicht in ihrem Lebensraum zu stören. Stattdessen nutzt man lieber die vielen flachen Stellen mitten im Fluss, an denen man problemlos baden gehen kann, solange man nur das Boot gut festhält. Während der erste Abschnitt bis Lodenau eher gemütlich verläuft, wird es anschließend spannend: Denn nicht umsonst fährt man auf der Neiße in unkippbaren Schlauchbooten statt schmaler Kanus. Hinter der Wehranlage Steinbach folgen gleich drei Stromschnellen aufeinander. Doch keine Sorge: Was wie Wildwasser aussieht, erzeugt nicht mehr und nicht weniger als ein lustiges Bauchkribbeln. Herausfordernder ist eher das Umtragen der Boote an den Wehranlagen. An

Entlang der Strecke gibt es auch viele seichte Stellen, an denen das Wasser so langsam fließt, dass man baden gehen kann.

insgesamt vier Wehren auf der Strecke bis Bad Muskau müssen die Boote aus dem Wasser gezogen und dahinter wiedereingesetzt werden – gemeinsam angepackt, wird aber auch diese Aufgabe zum Kinderspiel. In Klein Priebus angekommen, wartet bereits der Shuttle zum Neiße Camp in Rothenburg. Wie es sich für Flusswanderer gehört, übernachtet man im Zelt, bevor man am nächsten Tag die Tour nach Bad Muskau (sorb. Mužakow) fortsetzt. Ganz nach dem Motto »Das Beste kommt zum Schluss« paddelt man am Ende der fünfstündigen Tour geradewegs zum Fürst-Pückler-Park.

Auch nach der Tour sollte man sich unbedingt Zeit nehmen, um die einzigartige Gartenkunst der UNESCO-Welterbestätte vom Land aus zu entdecken (siehe Eskapade #26). Wer an dieser Stelle noch immer nicht genug vom Wasser hat, kann die Bootstour anschließend auch mit den Booten der Firma Lausitz Kanu verlängern (www.lausitz-kanu.de).

**FAZIT: GENAU DAS RICHTIGE ABENTEUER FÜR HEIßE SOMMERTAGE!**

---

**Hin & weg:** Von Görlitz kommend mit den Buslinien 139 und 140 der Regionalbus Oberlausitz GmbH zur Haltestelle Winklermühle; Parken am Neiße Camp (Tormersdorfer Allee 1, Rothenburg/Oberlausitz).

**Beste Zeit:** I.d.R. zwischen April und Oktober buchbar.

**Dauer:** Zwei Tage für die Strecke von Rothenburg nach Bad Muskau.

**Ausrüstung:** Viel Sonnenschutz, Zelt und Badesachen.

**Wenn es Nacht wird:** Schläft man im Neiße Camp.

---

# SPIEGLEIN, SPIEGLEIN AN DER WAND

... im schönsten Dorf Deutschlands

*Wie heißt das schönste Dorf im Land? Na, Hinterhermsdorf natürlich! Hier ist die Kirnitzschtalklamm ganz nah und gleich auf der anderen Seite laden sanfte Hügel, Wiesen und Felder zu einer idyllischen Panoramarunde ein. Von wegen, die Sächsische Schweiz kennt nur Schluchten, Stiegen und Fels!*



#Waldhusche #idyllisch #Baumrutsche #Panoramaweg #Umgebindehäuser

Das Beizhaus in der Waldhusche beherbergt eine Ausstellung zum Wald und dessen natürlichem Wandel im Schutzgebiet.

Hinterhermsdorf, gelegen inmitten goldener Getreidefelder und saftig grüner Wiesen, wurde nicht nur als schönstes Dorf Sachsens, sondern 2001 sogar als das schönstes Dorf Deutschlands ausgezeichnet. Und wirklich: Mit seinen insgesamt 72 Umgebindehäusern an den schmalen Gassen ist das Dorf schon eine Sehenswürdigkeit für sich. Einzig in der Oberlausitz findet man Orte mit noch mehr Häusern dieser originellen Bauweise. Die Tatsache, dass es gleichsam auch Ausgangspunkt für zwei der schönsten Wanderungen in der Sächsischen Schweiz ist, macht Hinterhermsdorf zum idealen Ferienort.

Während eine der beiden Touren tief ins verwunschene Kirnitzschtal führt (siehe Eskapade #23), bleibt man bei der anderen in den luftigen, weiten Hügellandschaften nördlich des Ortes. Im Gegensatz zu den allermeisten

Wanderungen in der Sächsischen Schweiz sucht man die markanten Sandsteinfelsen hier fast schon vergeblich. Stattdessen ist der Weg geprägt von Weitblicken über Wiesen und Felder und lieblicher Landidylle. Lediglich zu Beginn der Tour bewegt man sich durch die Mühlschlüchte zum Sturmbauers Eck in den bekannt wilden Gefilden des Elbsandsteingebirges. Anschließend bringt einen ein Feldweg direkt nach Saupsdorf, von dessen Ortseingang man bereits auf der gegenüberliegenden Seite die Wachbergbaude entdeckt. Statt

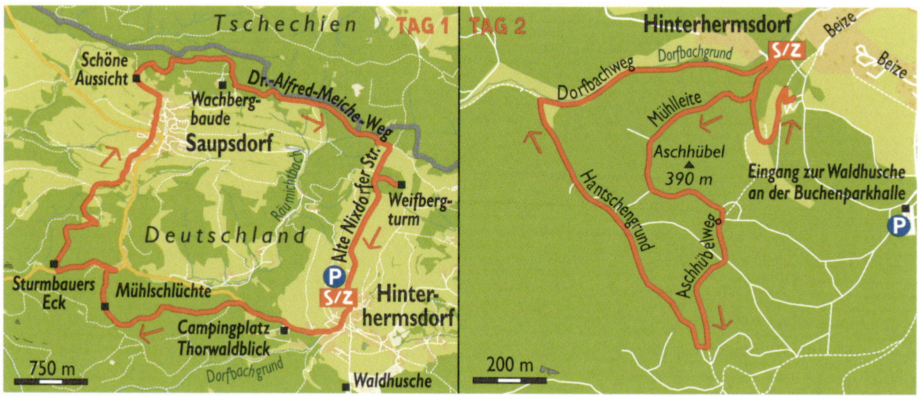

Von der Alten Nixdorfer Straße genießt man herrliche Weitblicke über Felder und Wälder.

aber den direkten Weg zu wählen, sollte man sich im Oberdorf unbedingt erst einmal links halten, um nicht den spektakulären Fernblick zu verpassen. Anschließend belohnt eine Pause an der bewirtschafteten Baude für die erste Hälfte der Tour (www.wachbergbaude.de).

Der zweite Teil führt auf dem Dr.-Alfred-Meiche-Weg durch den ehemaligen Fichtenwald. Leider haben auch hier Borkenkäfer Großteile des Waldes zerstört. Der Abschnitt durchs Brachland ist jedoch nicht weit, sodass man nach kürzester Zeit die Wiesen vor dem Weifbergturm erreicht. Von dessen Aussichtsplattform schaut man weit über das Elbsandsteingebirge, Osterzgebirge und Böhmische Mittelgebirge hinaus. Besonders viel Spaß macht es, die näher gelegenen Felsen anhand ihrer Silhouetten zu erraten. Bei guter Sicht sollte man den Lilienstein, Falkenstein, die Affensteine und Schrammsteine entdecken. Zurück geht's anschließend über die malerische Alte Nixdorfer Straße.

Bleibt am An- oder Abreisetag noch etwas Zeit, lohnt sich ein Abstecher zur Waldhusche. An mehr als 40 Spiel- und Wissensstationen lernt man hier auf vier vernetzten Themenwegen die natürlichen Prozesse im Wald kennen. Nimmt man darüber hinaus an einer Führung der Nationalparkwacht teil, kann man an einer echten Husche zusehen, wie früher die Forstleute die Baumstämme ins Tal rutschen ließen (individuelle Vereinbarung Tel. 035974 55166 bzw. 0173 3796451).

**FAZIT: EIN ECHTER WANDERURLAUB UNTYPISCHERWEISE GANZ OHNE KRAXELEIEN AM FELS!**

---

**Hin & weg:** Zunächst von Pirna mit der RB 71 nach Sebnitz, weiter mit den Buslinien 241 und 268/269 des RVSOE nach Hinterhermsdorf; mit dem Auto am einfachsten über Sebnitz zu erreichen.

**Beste Zeit:** Im Spätsommer, wenn die unzähligen Himbeer-, Heidelbeer- und Brombeersträucher reife Früchte tragen.

**Dauer & Strecke:** 2 Tage. 4 Std. reine Gehzeit für die Panoramarunde, 14 km; 3 Std. am anderen Tag für die Waldhusche.

**Ausrüstung:** Ein Körbchen für die vielen Beeren.

**Wenn es Nacht wird:** Ab auf den Campingplatz Thorwaldblick oder bspw. ins Ferienhaus Winterberg Blick (ferienwohnungen-hinterhermsdorf.de).

---

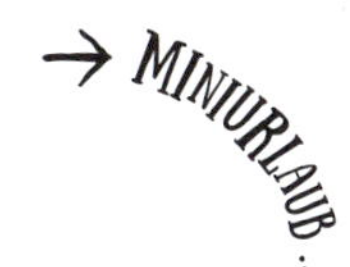


# ES WAR EINMAL

## … in der geheimen Welt von Turisede

*Umgeben von Wäldern und Auen liegt am östlichsten Punkt Deutschlands ein ganz und gar ungewöhnlicher Freizeitpark. In der Abenteuerwildnis der Kulturinsel Einsiedel begibt man sich in Geheimgängen, Schlössern und auf Baumwipfelpfaden auf Spurensuche nach dem verschollenen Volk der Turiseder.*

#KulturinselEinsiedel #BaumhausHotel #Abenteuerspielplatz #Freizeitpark

Turisede – das Land, in dem Tiere auf Dächern, Hühner in Baumhäusern und Rinder in der Ersten Deutsch-Polnischen Büffel-WG leben.

Es war einmal ein Volk an der Neißeaue, das Kinder zum König wählte, in Baumhäusern lebte, das spielte und rauschende Feste feierte und Waffen wie Wurfschleudern nur kannte, um damit die Wäsche vom Dorfplatz in den Fluss zu schleudern. So erzählt man sich die Geschichte der Turiseder. Und wahrlich, am Eingang zur Kulturinsel Einsiedel lässt man die Realität hinter sich und begibt sich ganz nach dem hauseigenen Motto »Wir helfen nicht normal zu sein« auf eine verrückte Reise in die eigene Kindheit.

Diese führt durch eine weitläufige Wiesen- und Waldlandschaft bis zur Neiße, vorbei an unzähligen kuriosen Holzbauten und Schlössern, über Baumwipfelpfade und durch Tunnel. Überall gibt es etwas zu entdecken, seien es die ausgeklügelten Spiele, das Zauberschloss, der Wasserspielplatz oder der Kuhstall auf dem Dach. Und immer wenn man glaubt, das Verrückteste schon gesehen zu haben, überrascht der Erfinder und Turisede-Forscher Jürgen Bergmann mit einer neuen kuriosen Idee. Dabei kommen Kinder und kindische Erwachsene gemeinsam auf ihre Kos-

---

**Hin & weg:** Von Görlitz kommend mit den Buslinien 139 und 140 der Regionalbus Oberlausitz GmbH zur Haltestelle Zentendorf/Kulturinsel; Parken an der Kulturinsel.

**Beste Zeit:** Durch zahlreiche Indoor-Aktivitäten ganzjährig geöffnet, am schönsten aber im Sommer und während des jährlichen Festivals Folklorum (www.turisede.com).

**Dauer:** Ein Tag und ein halber.

**Ausrüstung:** Ein Klapprad für die langen Wege und Badesachen für den Wasserspielplatz.

**Wenn es Nacht wird:** Man nächtigt in einem der parkeigenen Baumhäuser oder Glamping-Zelte oder auf dem Campingplatz.

---

Jedes Jahr im September finden im Rahmen des Festivals »Folklorum« die Turisedischen Festspiele statt. Wettkampf und Programm sind dabei so bunt und verrückt, wie man es von den Turisedern nur erwarten darf.

ten. Während die Kleinen zum Beispiel in den Spielwelten von Lernigerode in die Rollen von Eisverkäuferin, Feuerwehrmann und Polizistin schlüpfen können, erkunden die Großen die überdimensionale Camera Obscura, befreien sich aus dem Escape-Haus Versteckum oder genießen ein kühles Getränk auf dem schwimmenden Neißecafé.

Im Herzstück von Turisede kommen schließlich alle wieder zusammen. Hier wird im Baumstammlokal gegessen und im angrenzenden Krönum, der sagenumwobenen Regentschaftshalle des kindlichen Königs, mehrmals pro Woche beim Theater zum Essen das verschollene Volk zum Leben erweckt. Natürlich kann man aber auch Proviant und die eigene Picknickdecke mitbringen und es sich einfach auf einer der vielen Wiesen gemütlich machen.

Weil ein Tag kaum reicht, um den Park in Gänze zu entdecken, bieten die einzigartigen Baumhäuser, Jurten, Zelte und der Campingplatz zahlreiche abenteuerliche Übernachtungsmöglichkeiten. Den Abend verbringt man dann entweder bei einem heißen Bad im Kannibalenkessel, in der Baumhaussauna oder mit einem angeleiteten Abenteuer zur Geisterstunde. Da die Wege tatsächlich recht weit werden können, empfiehlt es sich, das eigene Fahrrad mitzubringen oder gegebenenfalls einen E-Roller oder ein Rad vor Ort zu leihen. So bleibt mehr Puste für die Suche nach den Turisedern.

**FAZIT: EINE MYSTISCHE WELT, SO DETAILREICH GESTALTET, DASS MAN NOCH AM EINGANG DIE REALITÄT HINTER SICH LÄSST.**

# 5000-STERNE-HOTEL

... auf dem Forststeig

*Wie wäre es wohl, im Wald unter freiem Himmel zu schlafen und die Sterne zu zählen!? Der Forststeig ermöglicht, was sonst nur als Sehnsuchtsbild aus Skandinavien bekannt ist: ein Trekking-Wochenende mitten in der Natur und fernab jeglicher Zivilisation.*

 #Weitwandern #Biwak #Lagerfeuer #intothewild #leavenothingbutfootprints

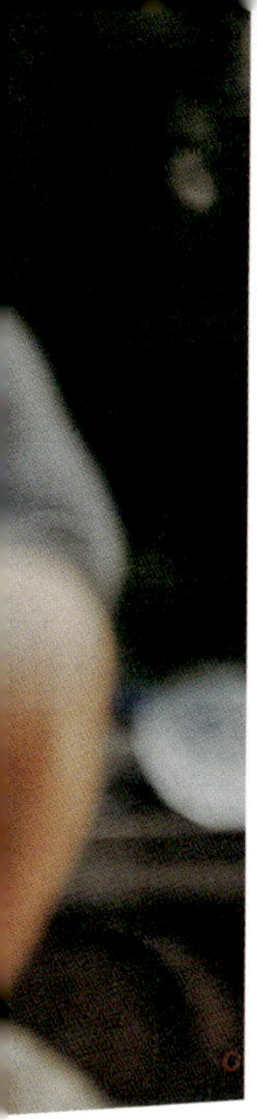

Gibt es etwas Schöneres, als im Schein des Feuers die Sterne zu zählen?

Einer der vielen Gründe, weshalb die Sächsische Schweiz so beliebt ist, ist die Möglichkeit, in sogenannten Boofen zu übernachten: sandige Plätze mitten in der Natur, geschützt von Sandsteinfelsen und fernab jeglicher Zivilisation – das ultimative Naturerlebnis. Tatsächlich ist es aber so, dass die Boofen trotz anders klingender Berichte ausschließlich den Kletterern vorbehalten sind, und das aus gutem Grund: In den letzten Jahren nahm die Zahl der Boofer drastisch zu. 2018 waren allein 17 Waldbrände im Nationalpark auf illegale Feuer von Freiübernachtern zurückzuführen. Hinzu kommt jede Menge zurückgelassener Müll und die traurige Tatsache, dass die Wildtiere nicht mehr ihre nötigen Ruhephasen finden und verschwinden.

Wem die Natur am Herzen liegt und wer nicht zum Klettern unterwegs ist, sollte die Boofen also meiden. Das Erlebnis Biwak ist deshalb trotzdem nicht gestrichen. 2018 eröffnete der Sachsenforst mit dem Forststeig eine großartige legale Alternative. Als wildes Pen-

dant zum Malerweg führt die Trekkingroute über 100 Kilometer in sechs bis acht Etappen grenzüberschreitend von Schöna nach Bad Schandau. Bei der Planung hat man darauf geachtet, den Weg möglichst siedlungsfern durch die Landschaft zu führen. Übernachtet wird an Biwakplätzen oder in Schutzhütten. Sind einmal alle Plätze belegt, darf daneben auch das Zelt aufgestellt werden.

Hat man nur ein Wochenende Zeit, ist es auch möglich, nur einen Teil des Steigs zu gehen. Besonders geeignet sind hierfür die ersten drei Etappen von Schöna nach Rosenthal. Je nach verbliebener Zeit am Anreisetag übernachtet man entweder nach der Besteigung des Großen Zschirnsteins im Zschirnstein-Biwak oder knapp fünf Kilometer weiter im Taubenteich-Biwak. Beide überraschen mit raffinierten Schutzhütten, Letztere sogar mit einer offiziellen Feuerstelle für echte Lagerfeuerromantik. Am zweiten Tag geht's weiter durch den Wald zum Hohen Schneeberg in Tschechien. Würde man der vorgegebenen Route folgen, wäre das anschließende Etappenziel der Cam-

Die Trekkingtickets für die Übernachtung in den Hütten oder den Biwaks kauft man vor der Wanderung in einer der zahlreichen Verkaufsstellen wie beispielsweise der Touristinformation Bad Schandau.

pingplatz in Ostrov. Nur zwei Kilometer nördlich findet sich als wilde Alternative jedoch auch das Zehrborn-Biwak. Nicht vergessen: An jedem Übernachtungsplatz hängen Briefkästen, in die man die zuvor gekauften Trekkingtickets einwirft. Die dritte Etappe bringt einen schließlich über gewohnt wildromantische Pfade ins Bielatal. Wem der Rucksack am Ende noch nicht zu schwer ist, kann die Tour mit einem Abstecher zu den Herkulessäulen beenden (siehe Eskapade #17).

Wichtig: Am Forststeig gibt es nur wenige Trinkwasserquellen, dafür jede Menge Bachläufe. Ein Wasserfilter ist daher unerlässlich. Das offizielle Infomaterial hilft bei der Planung (www.forststeig.sachsen.de).

---

**Hin & weg:** Von Dresden kommend mit der S1 nach Schöna; Parken am Wanderparkplatz Schöna; vom Zielpunkt Rosenthal mit der Buslinie 242 des RVSOE nach Königstein, Reißigerplatz und von dort mit der S1 zurück nach Schöna.

**Beste Zeit:** Begehbar von April bis Oktober.

**Dauer & Strecke:** 3 Tage. 12 km zum Zschirnstein-Biwak; + 4,7 km zum Taubenteich-Biwak, + 14,1 km zum Zehrborn-Biwak, + 18,2 km nach Rosenthal; insgesamt 15 Std. reine Gehzeit, 49 km.

**Ausrüstung:** Isomatte, Schlafsack, Proviant für 3 Tage, Wasserfilter und Mülltüte.

**Wenn es Nacht wird:** Schläft man auf den offziellen Biwakplätzen oder in den Schutzhütten. Tickets für die Übernachtung kauft man bspw. im Aktivzentrum Bad Schandau (Markt 1).

---

**FAZIT: GANZ LEGAL MITTEN IM WALD ÜBERNACHTEN – DER FORSTSTEIG MACHT DAS EINZIGARTIGE NATURERLEBNIS MÖGLICH!**

# LEINEN LOS!

## ... auf dem Senftenberger See

*Auf dem Lausitzfloß werden Freunde und Familie zur persönlichen Piratencrew. Gemeinsam erobert man den See, schwimmt im Sonnenuntergang und schippert dem abendlichen Barbecue entgegen. Statt anschließend nach Hause zu fahren, verbringt man die Nacht unterm Sternenhimmel auf dem Floß.*

#LandinSicht #5BillionStarHotel #BBQ #Arschbombe #Ahoi

Auf dem Lausitzfloß wird der Wochenend-Ausflug zum Abenteuer-Urlaub!

Senftenberger, Geierswalder und Partwitzer See – entstanden als Bergbaufolgelandschaft, sind heute alle drei durch schiffbare Kanäle miteinander verbunden und bilden damit die größte zusammenhängende Wasserfläche der (Ober-)Lausitz. Statt die Gegend aber wie gewohnt vom Ufer zu entdecken, bietet sich am Senftenberger See eine sehr viel abenteuerlichere Möglichkeit: Freunde und Familie werden hier zur Schiffscrew, mit der man gemeinsam auf einem Lausitzfloß die Seen befährt. Bis zu acht Personen passen auf die Holzflöße mit ihren offenen Kajüten (www.lausitzfloss.de).

Auch wenn zum Fahren der Flöße kein Bootsführerschein benötigt wird und auf offenem Gewässer kein besonderes Geschick erforderlich ist, wird es spätestens am Koschener Kanal und dem Barbara-Kanal spannend. Ge-

Wenn der See zum Privat-Pool wird: Fast überall kann man ankern und schwimmen gehen.

nau deshalb sollte man dieses Erlebnis auch auf keinen Fall verpassen! Da die jeweils verbundenen Seen auf unterschiedlicher Höhe liegen, muss in den Kanälen eine Schleuse passiert werden. Doch keine Sorge: Beide Schleusen funktionieren im sogenannten automatischen Selbstbetrieb und sind durch Hinweisschilder, Ampeln und Verkehrszeichen selbsterklärend. Die Bedienungsanleitung hilft gegebenenfalls nach. Nach der Einfahrt in die Schleusenkammer startet das letzte Boot durch Umlegen eines Hebels den Schleusenvorgang. 15 Minuten später befindet man sich bereits auf der anderen Seite.

Da allein die Durchfahrt durch den Koschener Kanal ca. 50 Minuten benötigt, ist klar, dass diese Bootsfahrt – möchte man alle drei Seen befahren und genügend Zeit zum Baden haben – kein Nachmittagsausflug ist. Um also den Traum vom entspannten Sommerurlaub am See nicht durch Zeitdruck zu gefährden, nimmt man sich für das Erlebnis am besten wenigstens eineinhalb Tage Zeit. So kann man alle drei Seen entdecken und bei Lust und Laune für ein Eis an den Marinas anlegen.

Nach Sonnenuntergang muss das Floß an einem der zahlreichen Stege festgemacht werden. Eine Lichterkette im Gepäck sorgt für eine romantische Atmosphäre am sonst unbeleuchteten Boot.

Ist man wirklich ein ganzes Wochenende unterwegs, lohnt sich vom Stadthafen Senftenberg (sorb. Zły Komorow) auch ein Abstecher zur Festung und zur Gartenstadt Marga. Vom Hafencamp wiederum ist es nicht weit zum Aussichtsturm, dem Amphitheater (www.theater-senftenberg.de) und dem charmanten Restaurant Sonnenhof 1864 (www.sonnenhof-1864.de). Das Beste aber: Eine Mehrtagesfahrt ermöglicht, die magische Zeit zum Sonnenauf- und -untergang auf dem Wasser zu verbringen und den Abend mit einem Barbecue auf dem Floß ausklingen zu lassen. Geschlafen wird jedoch am Steg: Die Kajüte, die bisher wahrscheinlich als Schattenspender oder Sonnendeck Verwendung fand, wird zur Liegefläche umgebaut. Wer es kuschlig mag, findet darin zu dritt Platz. Mehr Schlaffläche und freien Blick auf die Sterne bietet der vordere Teil des Floßes oder einer der Campingplätze am Senftenberger und Geierswalder See.

**FAZIT: PLATSCHNASSER SOMMERURLAUB MIT ABENTEUERFAKTOR!**

---

Hin & weg: Von Hoyerswerda mit der Buslinie 166 der Regionalbus Oberlausitz GmbH oder von Senftenberg der VGOSL zur Haltestelle Großkoschen, Rezeption; Parken am Hafencamp.

Beste Zeit: Mai–September.

Dauer: Je nach Laune eineinhalb bis zweieinhalb Tage.

Ausrüstung: Isomatte, Schlafsack, Kühlbox fürs BBQ und eine Lichterkette für den Abend.

Wenn es Nacht wird: Übernachtet wird auf dem Floß. Überzählige Besatzung findet Platz im Hafencamp Senftenberg (www.senftenberger-see.de) oder beim Seencamping Geierswalde.

---

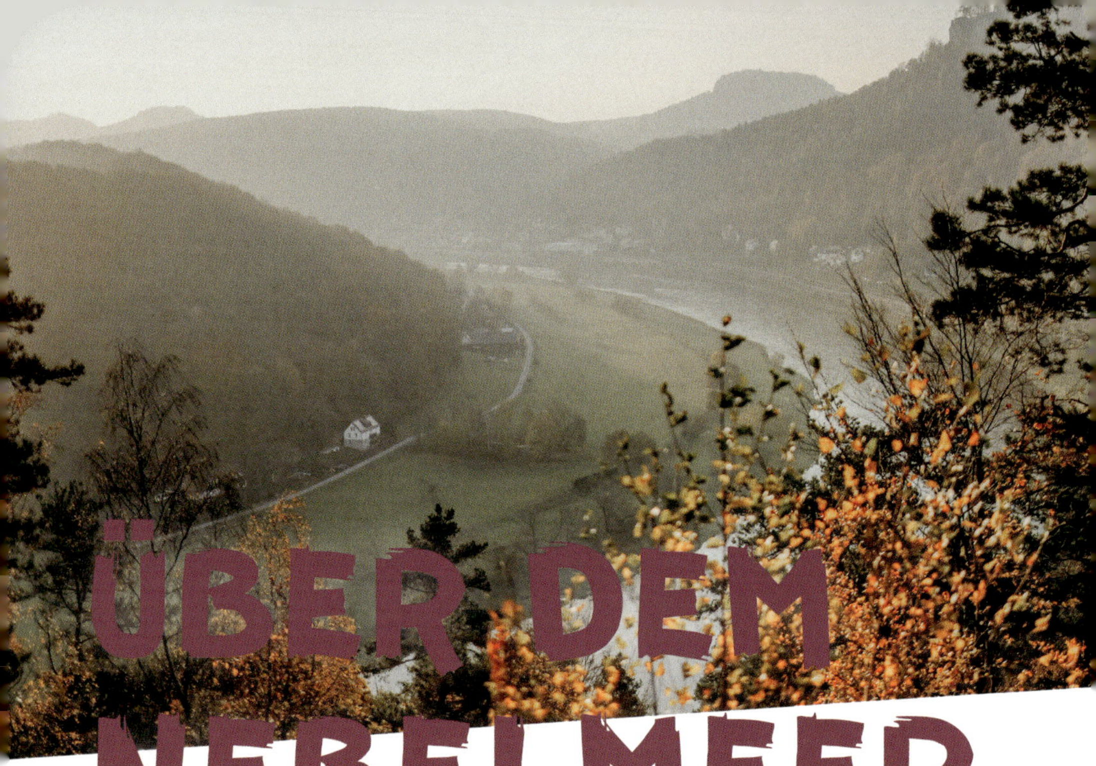

# ÜBER DEM NEBELMEER

... auf dem Malerweg von Krippen nach Pirna

## #50

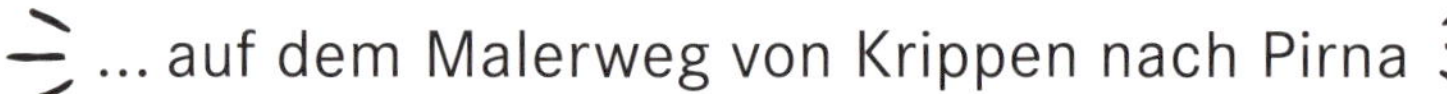

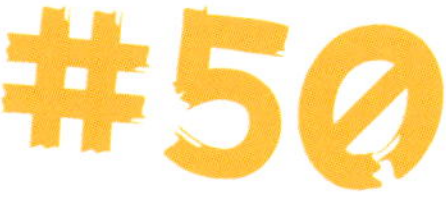

*Nicht umsonst wird der Malerweg auch Königsweg genannt. Ein landschaftliches Highlight jagt das nächste, wie einst die Alten Meister ihre heute so berühmten Motive. Auf acht Etappen folgt man den Spuren von Künstlern wie Friedrich, Bellotto und Thiele durch die spektakulärsten Felslandschaften.*

#Romantiker #kunstvoll #Feldforschung #Inspiration

Von den Rauensteinen genießt man einen herrlichen Blick zum Lilienstein.

Wo sich einst Maler, Musiker und Literaten zu unsterblichen Werken inspirieren ließen, führen heute 116 Wanderkilometer in acht Etappen durch die tausendfach gemalte Landschaft. Anhand historischer Reiseführer und Werke konnte man dabei tatsächlich genau die Route rekonstruieren, die die Künstler zumeist auf ihrem Weg von Dresden in die Sächsische Schweiz nahmen. Heute als Malerweg bekannt, wandert man also nicht nur von einem landschaftlichen Highlight zum nächsten, sondern auch geradewegs zu jenen Stellen, an denen die berühmten Werke Caspar David Friedrichs, Bernardo Bellottos, Johann Alexander Thieles und vieler anderer Romantiker entstanden. Die Schautafeln entlang des Wegs weisen auf die Orte hin und erklären die Kunstwerke (www.saechsische-schweiz.de/malerweg.html).

Wer keine acht Tage am Stück Zeit hat, profitiert von der üppigen Infrastruktur am Weg. Zwar leiten alle Etappen fern der Straßen durch die wilden Felsen, doch sind die

Etappenziele bestens ans Verkehrsnetz angebunden. Außerdem finden sich jede Menge Übernachtungsmöglichkeiten, sodass sich auch beliebige Teilabschnitte unkompliziert erwandern lassen – so beispielsweise jener von Krippen nach Pirna. Mit 41 Kilometern Länge eignen sich die letzten Etappen ideal für ein Wochenende mit entweder einer oder zwei Übernachtungen in Gohrisch, Königstein oder Weißig.

In der Altstadt Pirnas gibt es zahlreiche gute Restaurants wie etwa den Platzhirsch, das Canaletto oder die Felsenbirne.

Während man sich zu Beginn an Gohrisch und Papststein noch warmläuft, verlangt der Abschnitt hinauf zum Pfaffenstein und der Festung Königstein etwas mehr Ausdauer. Die vielen aussichtsreichen Rastplätze, aber auch die Kuchen aus dem Holzbackofen der Festungsbäckerei helfen, sich schnell vom vielen Auf und Ab zu erholen (www.festung-koenigstein.de). Nachdem man die Bergfeste selbst in Augenschein genommen hat, kann man sie anschließend auf dem Weg nach Weißig mit den Augen Thieles bewundern: Lilienstein, Elbe und Königstein vereinten sich 1874 mit seinen Pinseln zum »Prospekt der Festung Königstein«. Auf diesem Wegabschnitt sollte man sich jedoch unbedingt an den Öffnungszeiten des Schokoladen-Cafés am Thürmsdorfer Schloss orientieren. Hier verführen feinste Pralinen und heiße Trinkschokolade in der Atmosphäre eines historischen Sandsteingemäuers zu einer Zeitreise in die Belle Epoque (www.adoratio-schokoladenkunst.de).

**Hin & weg:** Von Dresden kommend mit der S1 zur Haltestelle Krippen; diese Linie hält auch am Bahnhof Pirna.

**Beste Zeit:** Am schönsten im Herbst, wenn der Weg weniger voll, dafür aber umso bunter ist.

**Dauer & Strecke:** 2 oder 2,5 Tage für 40,5 km.

**Ausrüstung:** Bleistift und Zeichenblock, denn der Weg inspiriert garantiert zu eigenen Skizzen.

**Ausrüstung:** Übernachtung bspw. nach 5 km in Kleinhennersdorf im Haus of Lords (www.hausof-lords.de), nach 10 km in Gohrisch im QUARTIER 5 (www.quartier-5.de), nach 19 km in Königstein in der Luxusboofe (luxusboofe.de) oder nach 27 km im Hotel Bei.Gretel in Weißig (www.bei-gretel.de).

Über weite Wiesen leiten die Maler anschließend auf einen letzten Fels, den Rauenstein, bevor man dem Elberadweg nach Pirna folgt. Auch wenn die Wanderung dort schließlich endet, sollte man noch etwas Zeit für einen Bummel durch die buchstäblich malerische Altstadt einplanen. Auch sie wurde wie zahlreiche andere Motive der Region von Bellotto meisterlich auf Leinwand gebracht. Seine Werke, darunter »Der Marktplatz zu Pirna«, sind in der Gemäldegalerie Dresden zu bewundern (gemaeldegalerie.skd.museum/).

**FAZIT: DER MALERWEG, EINE METAPHORISCHE PERLENKETTE, AN DER SICH LANDSCHAFTLICHE HIGHLIGHTS UND MEISTERWERKE REIHEN.**

# QUAK MACHT STARK

… auf dem Frosch- und Spreeradweg

*Frosch- und Spreeradweg zählen zu den schönsten Radwegen Sachsens. Beide verlaufen durch die dünn besiedelten Gebiete der Oberlausitz, in denen Flora, Fauna und natürlich das Wasser regieren. Dank ihrer Schnittstellen lassen sich die beiden Radrouten zu einer herrlichen Wochendtour verbinden.*



#küssdenFrosch #fischig #Drahtesel #EaudeSpree

Frosch- und Spreeradweg sind beide durchgängig gut gekennzeichnet.

Während der Spreeradweg mit seinem Verlauf von der Spreequelle durch den Spreewald nach Berlin unter Radfahrern bekannt sein dürfte, darf sich der Froschradweg tatsächlich noch einen echten Geheimtipp nennen. Was beide Wege gemeinsam haben: Sie führen entlang der schönsten Wasserlandschaften durch die Oberlausitz. Moore, Feuchtwiesen, die unzähligen Teiche des UNESCO-Biosphärenreservats und natürlich die Spree selbst liegen unmittelbar am Weg. Mit 260 und 375 Kilometern Länge fordern beide Radwege jedoch mehrere Tage Urlaub. Tatsächlich erlauben es aber die zwei Schnittpunkte, an denen der Frosch- auf den Spreeradweg trifft, die Routen zu einer zwei- beziehungsweise dreitägigen Rundtour zu kombinieren. Da die Landschaft meist eben ist und nur etwa

Die Schrotholzkirche in Sprey wurde 1522 erbaut. Schrotholz ist ein grob geschlagenes Holz. Um es besonders haltbar zu machen, wurden die Bäume – meist Kiefern – schon Jahre vor dem Fällen entrindet, damit sich viel Harz im Holz einlagert.

40 Kilometer der Gesamtstrecke auf kleinen Autostraßen verlaufen, kann man sich voll und ganz auf die herrliche Umgebung konzentrieren.

So radelt man zunächst von Hoyerswerda (sorb. Wojerecy) auf dem Froschradweg entlang der Nordufer von Scheibe- und Bernsteinsee bis nach Neustadt (sorb. Nowe Město). Hier angekommen, verlässt man vorübergehend besagte Route und folgt nun in südlicher Richtung der Spree. Wem das Radfahren noch nicht aufregend genug ist, findet an der nahe gelegenen Ruhlmühle eine hervorragende Gelegenheit, um das Rad für einen Perspektivwechsel gegen ein Schlauchboot zu tauschen (www.bootstouren-ruhlmuehle.de). Möchte man die Tour an drei statt zwei Tagen fahren, kann man an der Mühle auch eine erste Übernachtung einplanen. Andernfalls schläft man nach etwa der Hälfte der Strecke auf dem Campingplatz oder in einer der gemütlichen Ferienwohnungen am Olbasee.

**Hin & weg:** Von Leipzig kommend mit der S4, von Dresden mit der RE15 nach Hoyerswerda. Rund um den Bahnhof gibt es diverse Parkplätze.

**Beste Zeit:** Im goldenen Herbst während der Lausitzer Fischwochen (bevor die Teiche abgelassen werden) oder April–Juni, wenn im Moor das Wollgras blüht.

**Dauer:** 10 Std. reine Fahrtzeit für 135 km.

**Ausrüstung:** Ein Fernglas für die zahlreichen Gelegenheiten, Vögel zu beobachten.

**Wenn es Nacht wird:** Übernachtung auf halber Strecke am Olbasee auf dem Naturcampingplatz, in einem Bungalow oder einer Ferienwohnung (www.campingplatz-olbasee.de).

Das Barockschloss Neschwitz: die Sommerresidenz des Herzogs Friedrich Ludwig von Württemberg-Teck und seiner Gemahlin. Der französische Garten ist frei zugänglich, das Schloss kann von April bis Oktober besichtigt werden.

Dort befindet man sich dann bereits mitten in der Oberlausitzer Heide- und Teichlandschaft. Nachdem bereits im 13. Jahrhundert die ersten künstlichen Wasserflächen angelegt wurden, zählen heute mehr als 1000 Teiche zum Gebiet.

Weil diese größtenteils zur Karpfenzucht genutzt werden, sollte man bei der Planung im Hinterkopf behalten, dass die Teiche gegen Ende Oktober zu den Lausitzer Fischwochen abgelassen werden. Wo bis dahin also das Wasser schimmernd in der Sonne lag, bleibt anschließend nur noch Schlamm zurück. Bis dahin jedoch präsentieren sich die Teiche als reiche Biotope: Frösche, Fischotter, Kormorane, Grau- und Silberreiher, Weißstörche und sogar Seeadler lassen sich von ihren Ufern beobachten. Das Fernglas gehört hier deshalb genauso selbstverständlich an den Drahtesel wie seine Räder.

Das kulturelle Kontrastprogramm bietet am zweiten Tag das Barockschloss in Neschwitz (sorb. Njeswačidło), wenn man ab Halbendorf wieder in westlicher Richtung dem Froschradweg folgt. Am Dubringer Moor finden Fischesser später bei Dr. Zelders Fischgaststätte einen kulinarisch passenden Abschluss für die Tour (www.zelders-fisch.de).

**FAZIT: EINE RADTOUR FÜR WASSERRATTEN, FISCHLIEBHABER, HOBBY-ORNITHOLOGEN UND ALLE, DIE SICH GERN ENTSPANNT DURCH DIE NATUR BEWEGEN.**

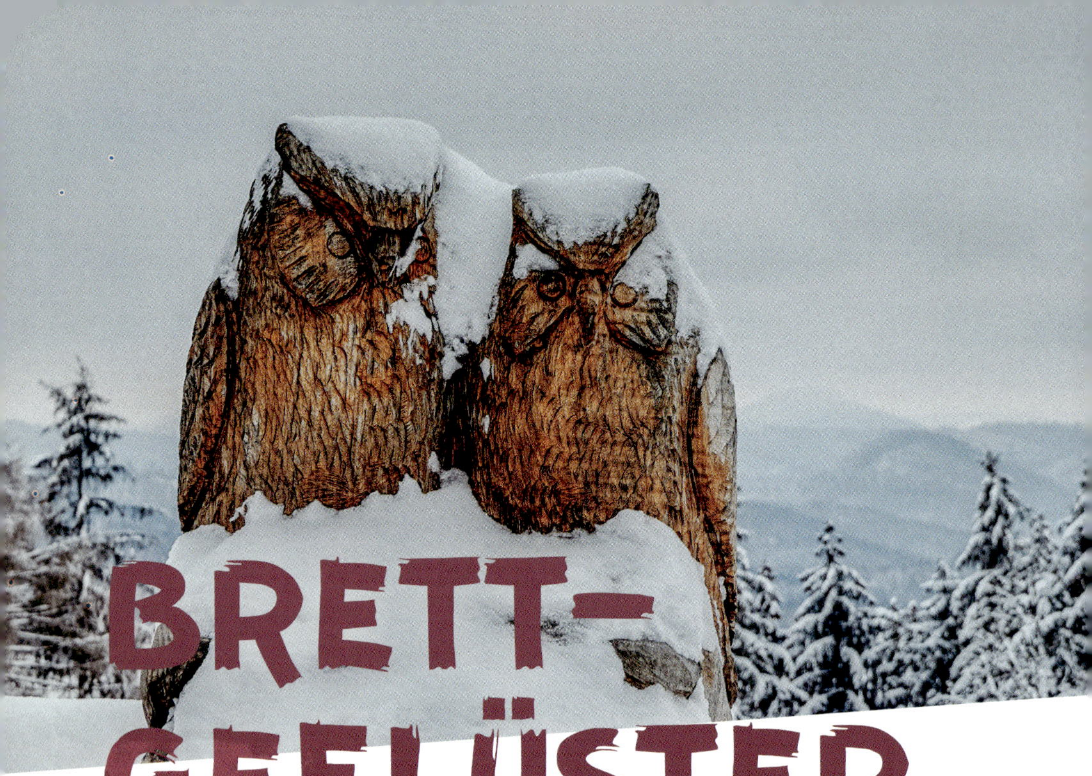

# BRETT-GEFLÜSTER

... bei Sebnitz

## #52

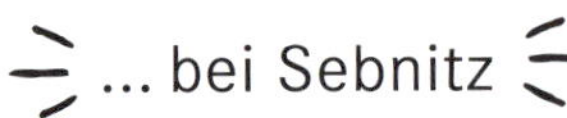

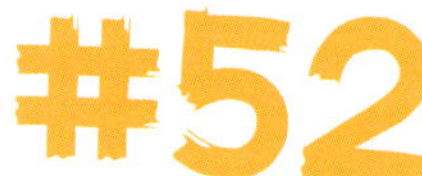

*Wenn sich der Schnee über Sebnitz senkt, erwacht die Region zum trubeligen Skigebiet! Auf Pisten und Loipen geht's dann mit allerlei »Juchhe« oder in meditativer Stille auf Langlauf- oder Abfahrtsski durchs Winterwunderland. Kalte Hände wärmt man anschließend in der Wachbergbaude.*

#Schuss #ApresSki #leiserieseltderSchnee #Loipengaudi

In Sebnitz hat man die Qual der Wahl: Es gibt Loipen, Pisten und Wege für Langlauf, Abfahrt, Schlittenfahren und Winterwandern.

Fraglich, wie lang uns in Mitteldeutschland der Winter zukünftig erhalten bleibt, doch aktuell präsentiert sich die Sächsische Schweiz noch oft genug im Schneekleid. Ist es so weit, werden in Sebnitz und Rugiswalde die Skilifte in Betrieb genommen und eifrig Loipen gespurt. Neben vielerlei anderen Strecken zählt dabei die grenzüberschreitende Höhenloipe zwischen dem Wachberg und Nixdorf mit Abstand zu den schönsten. Auf zwölf Kilometern geht es dabei durch verschneite Wälder und über sonnige Bergwiesen – mit jeder Menge Möglichkeiten zum Skaten.

Startpunkt ist die urige Wachbergbaude (www.wachbergbaude.de). Von ihr geht's zunächst auf dem Dr.-Alfred-Meiche-Weg geradewegs nach Norden über die tschechische Grenze. Eine verschlungene, aber gut ausgeschilderte Loipe bringt einen mit allerlei Ausblicken an Waldrändern entlang hinunter nach Nixdorf. Bevor man den Ort erreicht, macht man jedoch oberhalb des Bahnhofs kehrt und bewegt sich parallel zum Hinweg nunmehr bergauf zurück in Richtung Baude.

Doch keine Sorge, die Tour ist längst nicht vorbei! Noch auf tschechischer Seite biegt die Loipe linker Hand auf den Forstweg Zlodějská cesta, den Weg des Diebes, ein. Ohne nennenswertes Auf und Ab geht es hier gemütlich geradeaus, wobei der dichte Wald immer wie-

der von hellen Lichtungen unterbrochen wird. An ruhigen Tagen ist es keine Seltenheit, auf ihnen das ein oder andere Reh zu entdecken. Eine stille Teepause erhöht die Chance auf eine Sichtung. Am Wanderparkplatz neben dem Franz-Schneider-Gedenkstein wendet man sich rechter Hand nach Süden und saust dort den steilen Abhang hinab. Schade nur, dass man diesen sogleich wieder nach oben muss, um anschließend auf einem schmaleren Weg parallel zur Zlodějská cesta zurückzugleiten. Bei aller Winterromantik darf man nur

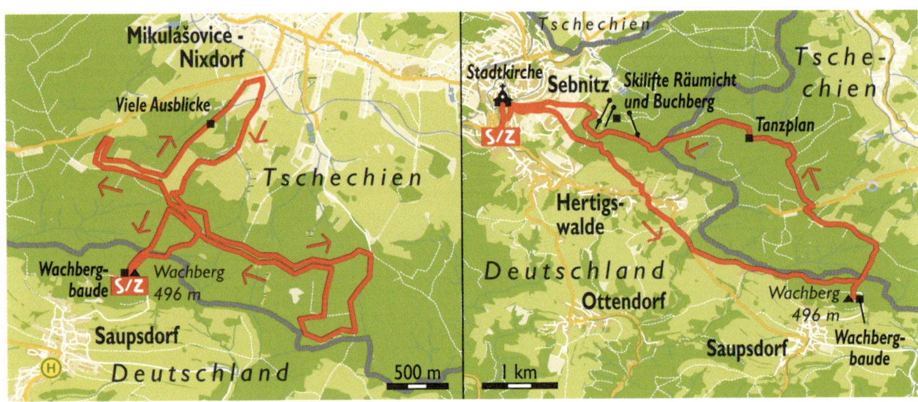

den Abzweig nicht verpassen, der über die Grenze zurück zur Wachbergbaude führt. Hier können durchgefrorene Hände und Füße beim Après-Ski am knisternden Feuer an einer Tasse Glühwein gewärmt werden.

Am nächsten Tag tauscht man die Ski gegen Spikes und kann so die Gegend auch zu Fuß erkunden. Hierfür eignet sich besonders die Sächsisch-Böhmische Zwei-Gipfel-Tour. Diese führt von Sebnitz aus ebenfalls zum Wachberg und später auf tschechischer Seite über den Tanzplan zurück, nimmt dabei aber schmalere und abwechslungsreichere Waldwege als die Loipe. Highlight der Tour sind fraglos die tollen Aussichten von den beiden Gipfeln über die verschneite Landschaft.

---

**Hin & weg:** Von Pirna kommend mit der RB 71 nach Sebnitz; zur Wachbergbaude mit der Buslinie 238 des RVSOE, Haltestelle Saupsdorf, Am Wachberg. Mit dem Shuttle der Wachbergbaude geht's auf den Berg; Parken an der Wachbergbaude möglich.

**Beste Zeit:** Wenn Schnee die Hügel bedeckt und die Loipen frisch gespurt sind.

**Dauer & Strecke:** Ein Wochenende. Skiroute 3.30 Std., 12 km; Wanderung 5.30 Std., 15 km.

**Ausrüstung:** Abfahrt- und Langlaufski leiht man am Skiclub Sebnitz (www.ski-sebnitz.com) oder im Nachbarort beim Skiclub Rugiswalde (www.skiclub-rugiswalde.de).

**Wenn es Nacht wird:** Quartier bezieht man in Sebnitz, bspw. bei Urlaubsfreude Biedermann (www.urlaubsfreude-biedermann.de) oder direkt an der Loipe in der Wachbergbaude.

---

**FAZIT: EGAL, OB ABFAHRT ODER LANGLAUF – IN SEBNITZ GIBT'S PISTENGAUDI FÜR ALLE! APRÈS-SKI INKLUSIVE.**

# SONST NOCH WICHTIG

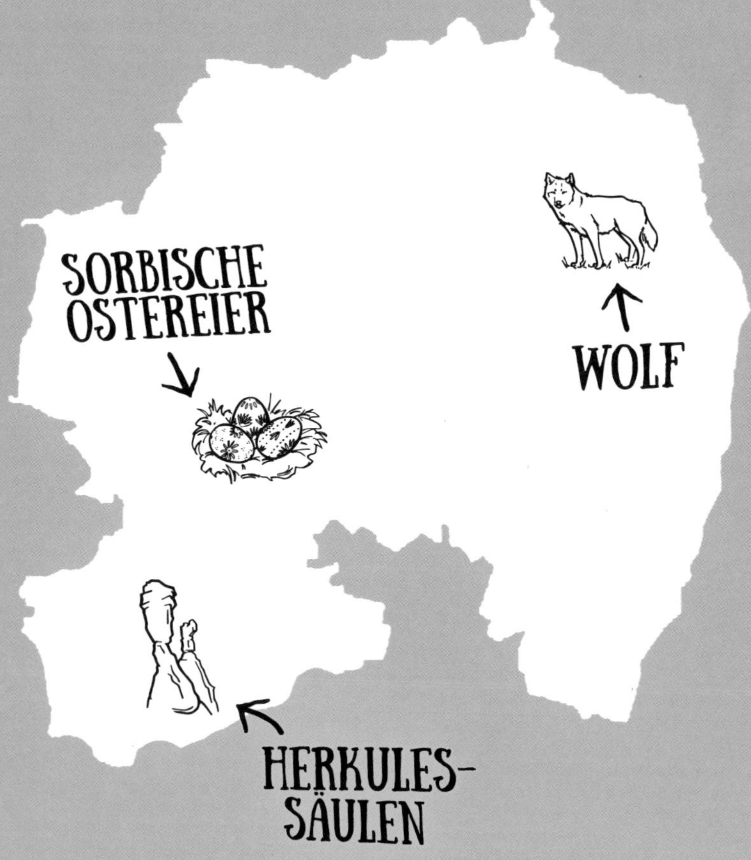

## Ein- und Überblick

*Karten für den schnellen Überblick, praktische Tipps, mehr über die Autorin sowie ein Ortsregister zum schnellen Nachschlagen gibt es auf den folgenden Seiten.*

### GPX-Download aufs Smartphone – so geht's

Voraussetzung:

Eine Outdoor-App muss installiert sein, z. B. KOMPASS, Outdooractive oder Komoot. Zum Einlesen des QR-Codes benötigen ältere Android-Geräte eine QR-Code-App. Bei neueren Android- und iOS-Geräten ist diese Funktion in der Kamera integriert.

Daten downloaden:

1. Den QR-Code einlesen oder die Webadresse im Browser eingeben, um auf die Eskapaden-Website zu gelangen.
2. Die gewünschte Tour zum Download anklicken.
3. Bei IOS-Geräten werden die GPX-Daten direkt mit der vorab installierten App verknüpft. Bei Android-Geräten muss ggf. noch ein Weiterleiten-Button geklickt werden (z. B. oben rechts im Display). Manche Apps zeigen den Tourverlauf starr an, andere haben eine Navigationsfunktion dabei.

## Tourenverlauf

GPX-Daten zum kostenlosen Download www.dumontreise.de/eskapaden/oberlausitz-saechsische-schweiz

short.travel/iwwgk

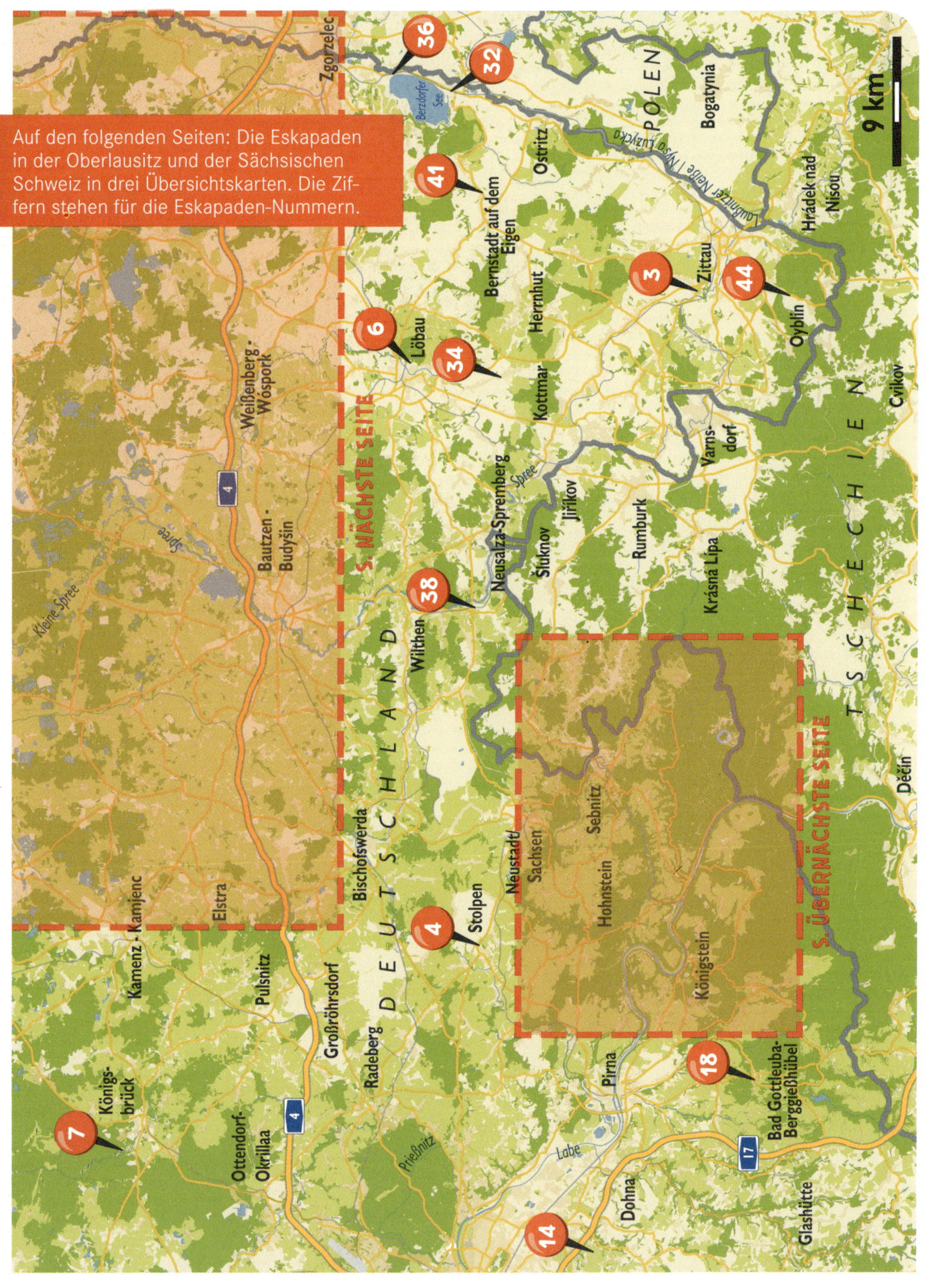


Auf den folgenden Seiten: Die Eskapaden in der Oberlausitz und der Sächsischen Schweiz in drei Übersichtskarten. Die Ziffern stehen für die Eskapaden-Nummern.

6 km
POLEN
DEUTSCHLAND
Bad Muskau
Mužakow
Weißwasser/O.L.
Běła Woda
Hoyerswerda
Wojerecy
Wittichenau
Kulow
Rietschen
Rěčicy
Rothenburg/
Oberlausitz
Niesky
Ralbitz
Rosenthal
Panschwitz
Kukau
Elstra
Bürkau
Bautzen
Budyšin
Malschwitz
Weißenberg
Wóspork
Königshain
Görlitz
Sedlitzer See
Partwitzer See
Geierswalder See
Neuwieser See
Spreetaler See
Bernstein-see
Scheibe-See
Speicherbecken Lohsa II
Bärwalder See
Inselsee
Struga
Lausitzer Neiße / Nysa Łużycka
Spree
Kleine Spree
Wudra
Schwarze Elster
Jauer
Raklitza
Neugraben
Schwarzer Schöps
4
49
9
2
51
27
43
29
45
1
11
15
47
22
16
13
30
5

Neustadt/ Sachsen
33
DEUTSCHLAND
Lohmen
21
42
Hohnstein
Vilémov
Velký Šenov
Sebnitz
Mikulášovice
25
Stadt Wehlen
Rathen
35
19
Sebnitz
26
52
Ottendorf
Saupsdorf
20
39
24
46
12
10
31
Hinterhermsdorf
Elbe
Königstein
28
Gohrisch
40
Bad Schandau
23
50
Elbe / Labe
Kirch-
berg
8
Papstdorf
Reinhardtsdorf
48
37
Hřensko
Bielatal
Jetřichovice
TSCHECHIEN
17
Labe
3 km

# NOCH MEHR ESKAPADEN ...

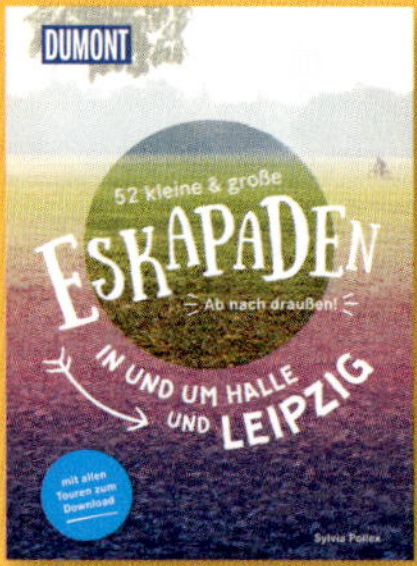


ISBN 978-3-7701-8074-5

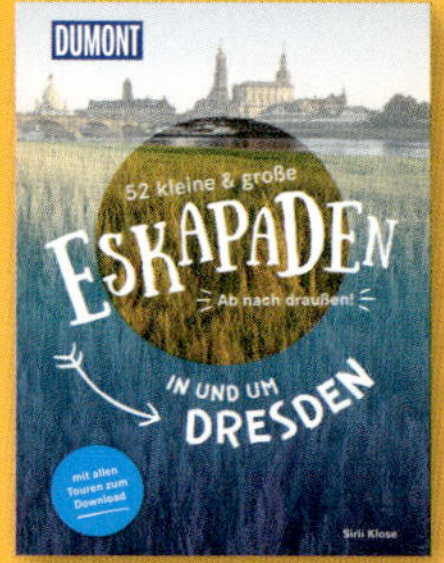


ISBN 978-3-7701-8081-3

ISBN 978-3-7701-8080-6

... erhalten Sie im gut sortierten Buchhandel und unter www.dumontreise.de

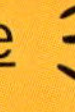

# IMPRESSUM

**Reihenkonzept** Monique Sorban

**Projektmanagement** Susanne Heimburger, Svenja Heinle & Tamara Siedler

**Cover-/Buchgestaltung & Illustrationen** Carolin Weidemann, Köln, www.weidemann-design.com

**Umschlaggestaltung, Lektorat & Produktion** Verlagsbüro Wais & Partner (Beate König, Julia Rietsch, Kai Wieland), Stuttgart, www.wais-und-partner.de

**Text & Fotos** Magda Lehnert, Chemnitz, www.wanderfolk.de; mit folgenden Ausnahmen: Yvonne Brückner (S. 218, 220 l., 221); Marko Förster/Kurgesellschaft Bad Gottleuba-Berggießhübel mbH (S. 80 r.); Sebastian Thiel (S. 219, 220 r.)

**Kartografie** © KOMPASS, Innsbruck, unter Verwendung von Kartendaten von © OpenStreetMap-Mitwirkende, Lizenz CC-BY-SA 2.0

**Hinweis** Alle Informationen wurden mit größtmöglicher Sorgfalt geprüft. Infolge der Corona-Pandemie kann es allerdings zu kurzfristigen Geschäftsschließungen und anderen Änderungen vor Ort gekommen sein.



Printed in Poland

2. Auflage 2024

ISBN 978-3-616-11026-4

www.dumontreise.de

## Geschmackssachen

Besonders gut isst man beispielsweise an der Beckenbergbaude (#34), am Alten Zeughaus (#24), im Holzwerk Oybin (#44) oder im Bio-Dorf Schmilka (#39). Im Winter lockt der Papststein mit einem Käse-Fondue-Abend am Kamin (#40). Sorbische Spezialitäten wie Tafelspitz, Hochzeitssuppe und Buttermilchplinsen probiert man etwa an der Krabatmühle (#2).

## Weiterlesen

Otfried Preußler erzählt in seinem Roman »Krabat« die vielleicht bekannteste sorbische Sage. Für noch mehr Spannung sorgt der Regionalkrimi »Mord im Kirnitzschtal«. Über Aktuelles berichtet die Sächsische Zeitung. (www.saechsische.de)

## Ohne Auto

Auch wenn sich in entlegenen Teilen der Sächsischen Schweiz und der Oberlausitz ein eigener PKW anbietet, sind die meisten Eskapaden auch mit öffentlichen Verkehrsmitteln zu erreichen. Ein Blick in den Fahrplan sichert die Rückfahrt. Am stilvollsten reist es sich aber mit der Waldeisenbahn Muskau, der Zittauer Schmalspurbahn, der Kirnitzschtalbahn oder auf der Elbe mit dem Dampfschiff.

## Sicherheit & Notfälle

Feuerwehr, Rettungsdienste und Bergwacht erreicht man gebührenfrei aus allen Netzen über die 112. In den Klettergebieten und an stark frequentierten Wanderwegen der Sächsischen Schweiz finden sich Erste-Hilfe-Boxen und Klapptragen.

## Vor Ort im Netz

Einen riesigen Fundus an Ausflugstipps bieten die Websites blog.frischluft-sachsen.de, www.sandsteinblogger.de und www.sachsen-erkunden.de (»Nu gugge ma da!«). Fotoinspiration gibt's auf Instagram u.a. bei @wanderblende und @venividiwander.

# ESKAPADEN-REGISTER ...

## Alle Orte mit Seitenverweisen

## ... über die Autorin

Magda Lehnert ist neben ihrer Arbeit als freie Content Creatorin und Journalistin auch das Gesicht hinter dem Reise- und Outdoorblog Wanderfolk. Gemeinsam mit ihrem Hund Timber bereist sie im VW Bus Deutschland und Europa. Dabei gefällt es ihr oft am besten dort, wo Wald, Berge und wildes Wasser aufeinandertreffen. Ebenso sehr genießt sie aber auch ihre Zeit daheim. Dann trifft man sie am ehesten wandernd und kletternd zwischen den Felsen der Sächsischen Schweiz. Immer dabei: die Kamera, um all die Emotionen einzufangen, die sie draußen in der Natur erlebt. Mit den Ergebnissen begeistert sie gern ihre Follower fürs Draußensein und die Schönheit ihrer so oft unterschätzten Heimat.

## Ostern bei den Sorben

Eskapade #22: Die Prozessionsritte zum Ostersonntag sind die vielleicht eindrucksvollste Tradition der Sorben. Auf dem Fahrrad begleitet man Hunderte singende Reiter durch die lieblichen Dorflandschaften.

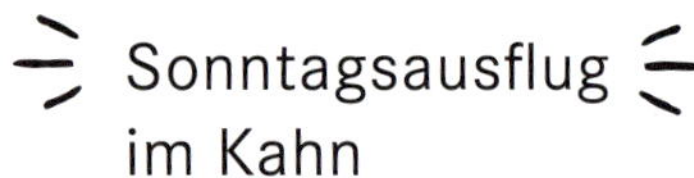

## Sonntagsausflug im Kahn

Eskapade #23: Was braucht es für einen gelungenen Sonntagsausflug? Richtig: Eine Wanderung durch die Natur, gutes Essen und Getränke und im Idealfall sogar eine kleine Ausfahrt. Im Kirnitzschtal gibt's alles auf einmal!

# 5 BESONDERE EMPFEHLUNGEN ...

## Weihnachtszauber

Eskapade #40: Ein Ort, der die kindliche Vorfreude und all die Heimlichkeiten in sich birgt, die die Weihnachtszeit erfüllen ... zur Adventszeit erlebt man in der Lichterhöhle am Kleinhennersdorfer Stein ein magisches Ritual.

## In die Wildnis

Eskapade #48: Schlafen unter freiem Himmel mitten im Wald und dabei die Sterne zählen – der Forststeig macht's möglich! Doch das Biwak-Abenteuer muss man sich verdienen: Auf insgesamt 100 Kilometern geht's einmal quer durch die Sächsische Schweiz.

## Leinen los!

Eskapade #49: Am Senftenberger See werden Freunde und Familie zur Piratencrew. Gemeinsam schippert man über den See und springt tausendmal ins Wasser – bis die Sonne untergeht und man es sich in der Kajüte gemütlich macht.